Lyvolvant代表
早《はや》野《の》實《み》希《き》子《こ》

世界一予約のとれない美容家《セラピスト》が教える

生き抜く人がしている68の行動

大和書房

厳しい世界で成功した人には
どのような身体的特徴があるのでしょうか？

その身体に宿ったマインドには
どのような傾向があるのでしょうか？

Prologue

私が触れた「成功者たち」に共通する身体とマインド

私は現在、東京とロンドンを拠点に美容家《セラピスト》として仕事をしています。

元々、薬剤師として社会に出て、北里東洋医学総合研究所に勤務後、ロンドンに留学、美容と健康について学びました。

東洋と西洋の医学、アロマテラピーのような代替医療を組み合わせ、独自のメソッドを作り上げ、サロンをオープンし、現在にいたっています。

お客様は世界各国で活躍されている俳優、モデル、起業家、アーティスト、王侯貴族、富豪など、多岐にわたります。

いわゆる成功者です。

いわゆる、といっても経済的な富に象徴されるような成功だけをさしません。

新たな価値を創造して社会に貢献したり、他者に何かを与えることを考え、実行することができ、それに充足を感じているような人のことです。

要望があれば、お客様のご自宅や別荘、ファッションショー、世界の映画祭、ときにはスーパーヨットなどに赴《おもむ》き、トリートメントをすることもあります。

トリートメントでは、心身ともに「素の状態」であるお客様と向き合います。そこから見えてきた、お客様たちに共通する習慣、スタイル、つむぎだされる言葉など、思わずはっとさせられるほど、深く貴重なものばかりです。私自身もたいへん勉強になります。

厳しい世界で成功した人にはどのような身体的特徴があるのでしょうか。また、その身体に宿ったマインドにはどのような傾向があるのでしょうか。

この本では、これまでに私が得たさまざまな「気づき」のすべてを紹介したいと思います。

日々の行動、考え方など、私たちがすぐに取り入れられることも多くあり、これからの人生の助けとなり、前に進む力になることと思います。

世界一予約のとれない美容家が教える
生き抜く人がしている68の行動

Contents

第2章 「美的感覚」を磨くために
——なりたい理想の細部を見つめる

第3章 「ふるまい」はセンス
——人間関係はリスペクトが根底に

第4章 今の自分を受け入れる

――セルフコンパッション「自己受容」

第5章 ビジネス感覚をシャープにする

――出会いと「ボンディング＝絆」を見極める

第6章 「予測感覚」レベルを上げる

――心の柔軟性を高める

第7章 「怖れ」を超える力

――今日はこの人生の最初の日

第1章

「身体感覚」を研ぎ澄ます

――変える勇気があなたをより輝かせる

1 自分の普通は普通じゃなかったことを知る

新型コロナウイルスの世界的な流行で、私たちの行動の「普通」は変わってしまいました。世界との距離は近くなり続け、いつでもどこにでも行けるし、直接会ってビジネスや交流をするのが当然と思っていたのに、出張も旅行も行けなくなってしまったとき、今までの普通ってなんだったんだろうと思わされます。

こんなときだからこそ、自分の立ち位置をクリアにする必要があるし、その絶好のチャンスだと思います。

コロナ以前でも、多忙な毎日に追われ自分を見失ったり、予想もつかないような状況にさらされて普通の日常生活を送ることが困難な状態が続くと、「自分の普通」がわからなくなってしまいます。

身体のケアを例にすると、ジムやピラティスのレッスンに行けなくなると、どうしていいかわからなくなってしまう。もっと日常的なことでは、ハグをする、握手をする、近い距離で話すなど、**これまでの日常生活で「普通」と思っていたことが、かなりの部分、相手がいないとできない、いかに他者に依存することで成り立っていたかということがわかる**のではないでしょうか。

イギリス人の友人、写真家のサイモンは、ロックダウンの期間中、人と面と向かって話すことができないことに愕然《がくぜん》としたそうです。ロックダウンが緩和されて、心を整えようと、瞑想《めいそう》センターに通っているそうですが、挨拶《あいさつ》もなければ会話も禁止。それぞれが小さなサークルの中で自分を整えるだけ、対自分だけの世界で、終わると帰るだけ。他の人も同じで、「まるでゾンビの集団のようだよ」と話していました。

そうは言いつつも、毎日通ってマインドフルネスに余念がありません。今では5時間以上瞑想するとか。「新しい自分を見つけられるから」「五感が研ぎすまされるから」

と彼は言います。

写真家である彼の被写体のメインはポートレートの「対人」でしたが、今は日本でよく言う「空気を読む」がわかってきたそう。それが彼の新しい「普通」に。撮る写真も変わり、新しい世界を開拓したことで、クライアントが増えたと話します。

こんな難しいときこそ、自分の今までの「普通」を見直し、再構築することが必要です。いずれ自由になんでもできるようになったときでも、強みになると思います。

リモートワークで自分の仕事のスタイルを見直した方も多いでしょう。

それを、自分を変える機会にするか、また元の勤務状態に戻ってしまうのか。日本は災害慣れしているせいか、厄災が降りかかっても、根本は変えずにとりあえず元に戻す、という感覚が強いように思います。

状況だけを戻して安心するのではなく、**本当に自分にとって大事なものを守るために、変える勇気を持つ**ことが、生き抜くために必要なことではないでしょうか。

2

逆境のときこそ自分の思い込みを知る

これまでの普通が普通でなくなったということは、日常で当たり前と思っていたことが単なる思い込みだったと知ることでもあります。

他者からの情報やアプローチを受け入れ、そのまま持続していたことがいかに多かったかに気づくことです。


まず、先のこと。来月、来年、3年後の計画や目標が立てにくくなったこと。

ある起業家のお客様は、計画を立てて、クリアするために何をすべきかを考えるのが習慣でしたが、世界の状況が予測できない今は、自分やこれまでの仕事に立ち返り、**何が自分にとってハッピーなのか、何を優先すべきかを考えるようになった**、と話していました。

新しいビジネスを立ち上げるのが当たり前、数字を上げるのが当たり前、上場して売却するのが目標だと思ってやってきたけれど、それは思い込みで、ある意味ビジネススクールの授業の実践に過ぎなかったんだと気づいたそうです。

人気のレストラン、話題のショップ、誘われると当たり前のように会食に参加していたかもしれません。豪華な食事で満足でしたが、家ごはんが当たり前になると、**自分で吟味した食材を調理して食べることで、前より体調がいいことに気づく**、という話も聞きます。豪華な食事では、油や塩の使い方が自分には過剰だったのではないか、とも。

身体のケアでも、ワークアウトを長年日常の習慣にしていた料理研究家のアネッサは、対面のレッスンや、**大きなマシンでないとトレーニングができないと思い込んでいた**けれど、それができなくなったとき、家の中で、自重やダンベル、ゴルフボールなど、部屋でひとりでできることを、いろいろと組み合わせてみたそうです。

これまでピラティスで習ったこと、ジムのマシンでやっていたこと、本やネットなどの情報を取り入れ咀嚼《そしゃく》し、自分なりのメソッドを作る――身体との対話をしながら**あれこれやってみたことがブレイントレーニングにもなり、新たな気づきも多かった**と言います。オリジナルレシピも増えたと喜んでいました。

そして、閉塞感《へいそく》はあったけれど、自分と対峙《たいじ》することで、これまでの思い込みを検証して人生の意味を考え直すことができたから、これからのプラスになると思う、はじめて体験したオンラインレッスンもいいけどね、と笑顔で話されていました。

ここでいう思い込みには2つあると思います。

❶ 自分の普通を考えてわかる思い込み
❷ 他者から知らされる思い込み

木にたとえると、自分でわかってそれを変えたときは、「枝が伸びる」感覚。人から知らされて変えるときは、「葉が広がる」感覚です。その両方がバランスよく合わさってこそ、自分の「普通」がわかってきます。

3

健やかな呼吸のために「横隔膜」を意識する

肺炎が話題になることが増えると、改めて意識せざるをえなくなったのが**「呼吸」**です。いつもは無意識にしている呼吸ですが、「普通」に呼吸をするのは案外難しいのです。

マスクをする日常では、息苦しさを感じざるを得ません。声の出し方まで変わってきます。日本と違ってマスクをすることに慣れていないイギリスの方々は、マスクをして外出しているとメンタルが危うい感覚になる、と言います。

呼吸はアコーディオンにもたとえられます。伸び縮みして酸素と二酸化炭素を出し入れします。呼吸するという機能、声を出すという機能を、**横隔膜**《おうかくまく》を意識して見直してみてはどうでしょう。

無駄な力が入っていたり、浅く、早い呼吸ではマスクをしていると声も出しにくいのがよくわかると思います。

私たちは大きなストレスにさらされると、気づかないうちに呼吸が浅くなります。呼吸が浅いと、酸素の取り込み量も少なくなり、自律神経の働きにも悪影響が出ます。特に頭で考えることが多い方は、東洋医学的にいう気が上がって滞《とどこお》る「気滞《きたい》」の状態で、横隔膜がきちんと動かずに、肋骨《ろっこつ》の間だけでの呼吸になりがちなのです。

そんなとき、鼻から吸って口から出してみると、うまくできないのがわかります。

横隔膜を意識し、腹圧でゆっくりと大きく呼吸するようにする。横隔膜の横に両手をあて、息を吐くときに押すようにし、吸うときに広げるようにすると、呼吸しやすくなります。

ハリウッドで主演作も数多いある女優の方は、自分の呼吸を確認するには、お腹から声を出すことを意識して、数字を言うようにするといいと話していました。

「1、2、3……20」

繰り返すことで、細く長い呼吸ができるようになり、横隔膜も使えるようになる。呼吸することで、エネルギーを産生できる。呼吸できていることはありがたいことだと思う、と彼女は言いました。

Take it one day at a time.

1日1日をそのまま、そのときとして受け入れる、そうすることで1日1日を大事することになる。

きちんとした呼吸はストレスリリースにもなり、メディテーション（瞑想、自律神経を整える、リラックス）にもつながります。精神が統一されているという感覚、ふっとゆるむ感覚がすると、いろいろなアイデアが浮かんだりもします。

腹圧、横隔膜を意識するということは**丹田**《たんでん》（おへその下10センチくらいのところ。東洋医学では気をつくり、丹を養うところ）に力が入る、ということでもあります。「肝《きも》が据《す》わる」という言葉がありますが、困難に対処するには大変重要なことだと思います。

呼吸が浅いと、首の横が収縮して過緊張になり、肩こりや頭痛の原因にもなってしまいます。

マスク慣れしていない方で、首を締められている感じがするという方もいますが、首が苦しいと、口の中にも悪影響を及ぼします。

さらに舌の動きが悪くなり、唾液《だえき》の出も悪くなる。私の施術中、舌を出していただくときがありますが、舌の動きが活発な方は、とてもはつらつとして元気な方が多いように思います。

舌の動きは嚥下《えんげ》（飲み込むこと）にもかかわってくるので、とても大事です。マスクをしているとどうしても口をしっかり使って話さないようになりがちです。呼吸同様、意識しておきたいものです。

4 自分の身体の声を聞き、「受容力」をアップする

ルーティンがなくなったときをチャンスととらえ、まっさらな何もない状態で自分の身体の声を聞き、自分の身体の状態を認識してみると、今まで見えなかったものが見えてきます。潜在能力にフォーカスできます。感覚の「受容力」を高めることができます。

コロナ禍《か》の今は難しいですが、私はこれまで施術のために、いろいろな国に行きました。**危険といわれる場所では、「毛穴」で危機感を感じます。**そういう感覚を家で養うのは不可能だと思われるかもしれませんが、家にいても受容体の感度を上げることは可能です。

私自身も、これまでのマインドを変え、心身を整える、しつらえる、隅々《すみずみ》まで磨くなど、より微妙に、身体はもちろん心の細部までアプローチしています。

身体では、指の1本1本、マスクをしている耳、目がこれまでとどう違っているのか、臓器の1つひとつにまで意識を向けることができるようになりました。

耳もみ、舌出し、目を見開くエクササイズなどもするようになりましたし、声を出すときに舌を使って「あー、うー」と言ってみたり、1つひとつ意識することで、これまで知らなかった筋肉の動きがわかり、「ああ、ここはこんなに頑張っていたんだ」と感じるようになりました。

それは対外的なことにも関係してきます。会議がリモート化されて、隣の人と目配せすらできなくなると、目でしっかり表情をつくり、訴えることを意識するようになりました。

当然できていると思っていた社交スキルも、実はコミュニケーションとしては未熟だったことにも気づかされます。

深いコミュニケーションができるようになると、声が単なる言葉としての情報だけではなく、その背後にあるものまでをキャッチアップできるようになります。それは発言者の意図はもちろん、それを超えた発言の位置づけや、感情や体調までをも感じ取るということです。

こちらからも単なる情報の送り付けではなく、真剣に伝えないと相手に届かないことがわかります。

声自体の大切さ、抑揚《よくよう》もふくめ、相手の受容体にどう届くかを意識できるようになりたいものです。

ある富豪の令嬢アレキサンドラの話をしましょう。

彼女はかなり高いレベルの馬術競技をしていたので、もともと身体能力は高かったのですが、あることをきっかけに、自分の危機管理能力が低下しているのではないかと疑問をもったそうです。

ニューヨークのセントラルパークをランニングしていたとき（ボディガードつき）、前から来たフードを被ったランナーが自分のほうに寄ってきたのに気づかなかったのです。そのときはボディガードがさっと前に出て、ガードしたのでことなきを得ました。危機管理能力向上のために、彼女が何をしたかというと、総合格闘技**マーシャルアーツ**を習うことでした（パーソナルで）。

施術後に雑談をしているとき、彼女に、

「私にパンチしてみて」

と言われて、力の限りスピードを出してパンチを繰り出したところ、ぱっと受け止められ、即座に返し技を寸止め（技をかける寸前で止めること）までかけられて唖然《あぜん》としたことがあります。

マーシャルアーツというのは、東洋の武術を源に作り上げられた総合的な格闘技。**危機管理などメンタルもふくめた技術を学ぶことで、彼女は「360度の感覚」というのがわかった**、と言います。

馬術は、人馬一体の調和で行うパフォーマンスだけれど、格闘技の場合、相手は敵。自分の感覚を、敵に対して研ぎ澄ますことは別次元の感覚の学びでもあり、馬術のスキルも上がったとのことです。

彼女の好奇心と行動力はそこでは止まらず、格闘技で自分の軸の力が不足していることを痛感。

次に習いだしたのがポールダンス（笑）。なんと家にポールを設置したそうです。

後日談では、出産があれっ！　と思うくらい軽かったとのことでした。

心身の受容体を増やすには、彼女と同じことはできないかもしれませんが、感じ方、とらえ方、そしてそれをどう行動に移すかは参考になります。

気づき
⬅
行動の改変
⬅
身体の変化に気づく
⬅
感覚の受容体が高まる

このようにして前とは違う自分に変化していくことはすばらしい体験だと思います。身体の受容力を高めることは、日々の身体の変化に気づき、疲労や加齢、病気などの状態をよく知ることにもつながります。

トリートメントの際に、

「まっすぐ寝てください」と言っても、ずれている方がかなり多いのです。自分ではまっすぐだと思っていても現実はそうではないのです。

これも思い込みの1つ。これを知ることで、もっとこうしたほうがいい、こんなことができるのではないか、ということにつながっていきます。何もしないで止まっているのは残念なことだと思いますし、気づくか、気づかないかで大きな差がつきます。

心の「受容体」も同様です。

今までの普通、ベーシックが変わったとき、感じ方、考え方のパターンが変わって、セルフコントロールや長期的目標など、これまで以上の進化ができると思います。

1つひとつの受容体を精査することで、今までの自分から脱皮できるのではないかと期待しています。

5 ルーティンから自分の普通を知る

受容力を高めるには2つのアプローチがあります。

1つは、これまで述べたように、これまでとは異なることをして刺激を与えること。

もう1つが、**同じことを規則的に続けることでその微妙な違いを意識する**ことです。

それにはある程度の負荷をかけると効果的です。

ランやダンベルトレーニングなどで、アイドリング状態から少し負荷をアップすることで、前との差がわかりやすくなります。

ルーティンの大切さはそこにあります。

ただ漫然と繰り返すのではなく、その都度その都度、感覚を高めて心身の状態をチェックする。そうしていくことで、身体感覚もより鋭敏になります。

朝起きるときに、横になったまま身体全体を細部までチェックするのです。

たとえば……。

- 足の指を1本1本意識して動かす。
- ふくらはぎに力を入れてみる。
- アキレス腱を伸ばす。
- お腹をさわる。
- 背中のハリを確認する。

など、意識すると、毎日違うはずです。

自分の生理周期、喜怒哀楽の状態なども考慮してチェックすると、今まで気づかなかったことに気づきます。睡眠の質や量の改善など、生活の質を向上させる入り口になります。

自分の心身をモニタリングすること。感覚を研ぎ澄ますことにもなり、クリアな思考や快適さにつながります。

そのためにも**自分の中に基準を作り、それをつねに意識すること**です。

私のサロンの部屋に大きな鏡を入れました。

もちろんお客様のためなのですが、自分のトリートメントを今までとは違う視点で見る、という予想外の効果もありました。スタッフも私との位置関係を別の角度から確認でき、より効率的な動き方ができるようになったと言っています。

ある女性は、ショーウインドウで自分の歩き方を確認して爪先歩きになってないか、チェックするようにしていると話します。そしてそこで、

「かかと、かかと」

と口に出すようにしているそうです。

味覚でもそれは言えます。ある著名なワイナリーを持つ富豪は、「ワインのことはよくわからないのです」と言う私に、赤と白で1つずつ基準となるワイン、味を設定することが大切と教えてくれました。

味の記憶というものはあいまいなものです。ある基軸を持っていれば、それを基準にして味の違い、自分の味覚の好みとの差を意識化することができるのではないでしょうか。

ヨーロッパで大きな出版社を経営しているグレッグは60代ですが、**アップルウォッチで自分をモニタリングしている**と言っていました。

睡眠や心拍数など、自分では意識していなくても、数値で見せられると、「昨晩飲みすぎたからかな」「今度は○杯でやめておこう」などと、自分の身体の状態に関心が深まります。

「日々のライフスタイルがシャープになったと思う」とのことでした。

「でも私は、アメリカ式ライフハックのような、何でもかんでも科学的、医学的に説明できるとは思わないけどね」と付け加えて。

6 「腸の健康」を重視する

自分の普通を考えるときに大事なのは、呼吸ともう1つ、**「腸」の働き**です。

「腸脳相関」という言葉があります。腸内細菌の研究は急速に進んでいます。

現在では、免疫の7割以上が腸の機能に由来するともいわれています。

身体は自律神経の働きによって延々と同じ作業をこなしています。

消化もその1つ。海外のお客様は、トリートメントの際に不調を指摘すると、

「それは胃なのか？　それとも大腸か？」

と具体的に聞いてきます。

日本のお客様は、胃腸が疲れているという感覚が日常的にありますが、海外の方に

は消化に問題がある、と言うと納得していただけます。

不規則で多忙な毎日で、消化のメカニズムが狂ってしまうことが多いようです。腸が疲れると、骨盤の中を通り、腰椎《ようつい》と大腿骨《だいたいこつ》をつなぐ腸腰筋《ちょうようきん》や、足裏の反射区である踵《かかと》にも影響を与え、歩き方も足だけのぺたぺた歩きになってしまいます。

そんなときは意識して**腰から歩くようにすると、腸にもいい刺激が伝わります。**生き生き感も上がります。

ジェットセッター（プライベートジェットで世界中を飛びまわる）の方の悩みは睡眠サイクルと排便の時間がずれることとうかがいます。とりわけ食べ物がきちんと消化され、自分のエネルギーになることがすべての基本なので、みなさん、腸の調子にとても気を遣っています。

心身のストレスは、便秘や下痢などの消化の不調につながるので、私はいわゆるパワーフード（発酵食品やチアシードなどの食物繊維）を意識してとるようにしています。

国内外に出張の多いある外資系企業の日本代表の女性は、別名「ダビデの星」とも

「star vegetable」ともいわれるオクラを、腸のために、よく食べているそうです。

笑いながら、

「運もよくなりそうだし、トイレでチェックするとき、種がどれくらいで出てくるかよくわかるの」

と話されていました。この方、食事は1日後にきちんと排出されるそうです。食事はもちろんですが、それくらい腸の調子や消化の状態に気を遣っているのです。

大腸洗浄を習慣化している方もいます。デトックスして腸をきれいにすると、頭もクリアになり、インスピレーションが湧くのだそうです。

誰にでもすすめられることではありませんが、お客様でも大腸の出口付近がかたくなっている方も多く、これをマッサージで解消することで、すっきりされる方も多いのです。適正な排便には呼吸のところでも大切だと伝えた「腹圧」も重要な役割を果たしています。腸を健康に保つことで活性化する免疫で身体を守り、栄養をきちんととり入れることができます。

「消化は昇華」につながります。きちんとした循環を保つことで、人生もすっきりとクリアにしてアップさせたいものです。

7 細部に感覚を行き渡らせることで幸福感を得る

ジムで長年トレーニングされている方が息切れを感じるようになり、ヨガやメディテーション（瞑想）を組み合わせるようになった、という話をよく聞きます。

エネルギー産業で巨万の富を得たロシア系のある方も、いろいろなトレーニングを組み合わせています。彼女は、パスポートも居住権も複数持っていますが、いろいろなものを組み合わせることでリスクもストレスも軽減させられる、と言います。

いろいろな場面で1つではなく、さまざまなエレメント（要素）で対処すること、多角的に対応することで、違うモードを取り入れるようにするのです。

1つだけに頼り、依存することはとても危ういこと。

そして、どんなことにも収縮と弛緩《しかん》を意識しておくことです。

その方は、**ストレスを感じるときにシェイクスピアの詩を書き写す**、と言っていました。日本の写経のようなものかもしれません。彼女は、些細《ささい》なことで幸福を感じることが大切だとも言っていました。

それには心身の受容体を増やし、感度を高めることです。

アンガーマネジメントの重要さも言われていますが、小さなことを多様に感じられれば、怒りの感情に侵されることも減るのではないでしょうか。

経済界で成功されているイギリスの方は、散歩することでアンガーマネジメントしていると話していました。

「歩きながら怒れないよね」と笑っていましたが、大事な商談も緑の多い場所を歩きながらされるとのことでした（余談ですが、もう1つはプライベートジェットの中だそうです。お互い途中で降りたくても降りられないので、感情をコントロールできて、いい結果になりやすいとのこと）。

ストレスマネジメントは、サバイバル能力に直結しています。この人を怒らせると生きていけないと瞬時に感じ取り対処できるか、いっそ逃げたほうがいいのか、判断しなければいけない。

欧米の方はとかく「Let it go.（そんなものだ）」。その1回だけだから、と逃げて知らんぷりすることも選択肢にありますが、日本人は来世までかかわると感じて動けないことも多いと、ある日本人のお客様が話されていました。これは、一度きりの人生か、輪廻転生《りんねてんしょう》かという宗教観の違いかもしれません。

幸福度は受容体の質と量によるものが大きいと思います。それには繰り返しになりますが、自分の普通を知ること。それもたくさんのエレメントで知ることが大切です。たとえば、まぶたを触ってその微妙な冷たさに血管を感じ、自分の知らないところで動いている、と思うことで幸福を感じる。

そうやって細部にまで感覚をいきわたらせることでストレスを和らげ、コンプレックスでさえ受け入れることができます。自分を受け入れ、自分の身体を愛することができるかどうかが幸福感の大事な条件ではないでしょうか。

8 「不調のきざし」の見分け方を知る

自分の普通を知るのに、チェックしておきたいのが「不調のきざし」。多忙なまま、感覚が鈍っていると、小さな普通でないことを見逃してしまいます。

たとえば家の中で、**いつもはぶつからない机の角に当たってしまう。ほんの数センチの違いかもしれませんが、何かいつもとは異なる状態かもしれない**、と思うことも大切です。腰に負担があって、歩幅が少しだけ小さくなっているのかもしれませんし、肩こりで少し猫背になって、腕の位置が変わっているのかもしれません。

いつもはイライラしないようなことにイライラしてしまう。また、なぜかやたらと忘れ物をしてしまう。ルーティーンでこなしている段取りを間違える。駅の階段の最初の一歩のとき、いつもは当たらないのに、つま先が軽く当たってしまう。

小さな違和感、違いが出てくるのは見た目かもしれません。朝、最初に鏡を見たときの見え方が違う。

違和感は大事です。

自分の普通がわかっていないと、差も感じ取れません。

こうした些細な違いを感じたとき「気のせい」と思わず、どう対処するかの引き出しを持っておきましょう。放置しておくと、不調が顕在化して、自分では解決できない状態になってしまうかもしれません。

カリスマネイリストのある方は言いました。

「足のネイルをするとき、**指の間にティッシュが挟みにくい人は、不調を訴えることが多いわ**」

そのきざしが過ぎ去ると、具体的に不調が表面化してきます。

- 肩こりがきついのに気づく。
- トイレに行く回数が増える。
- やたらガスが溜まる。
- 頭痛がひどい。
- 視野が狭くなる。
- 声がいつもより出にくい。

など、不調のあらわれはさまざまです。

- 靴下のゴム跡がいつまでも消えない。
- 指輪が抜けにくい。
- 吹き出物ができる。

●爪が裂けやすい。
●歯ぐきの出血。

など、日常生活に支障が出てきます。

それらを解消しないと、寝つきが悪く、夜中に目が覚めたり、早朝覚醒でそのまま眠れないと不調はだいぶ深刻です。行動も悪循環に陥り、今まで苦もなくできていたことができなくなり、甘い物や買い物、ＳＮＳや漫画、ゲームなどから離れられなくなる、身体を動かさなくなる。自炊も減るし、じわじわと部屋も散らかります。

そこまで行ってしまうと立ち直るのはかなり大変です。医療の力を借りなければならないことにもなりかねません。日常の些細な差異を意識し、小さな修正をできるようなノウハウを持ちたいものです。

普通を知ることの大切さは、自分の価値観を再確認することのほかに、日常生活を滞りなく送るためにも必要なことなのです。

9 自分なりの心地よさの定義を作る

私が心地よさを具体的に考えるとき、一番に思い浮かぶのが**「シーツの質」**です。1日の最後に触れるもの、睡眠の質を左右するものだと思うからです。

欧米の方と日本の方でこだわりの方向も違う傾向があるように思います。

私は、エジプト綿でないと、超長綿でないと、と感触重視ですが（欧米の方はその傾向が強いような気がします）、日本では温感冷感など機能性が重視されているように感じます。

高温多湿という気候も関係しているかもしれません。触感であれ、温感あれ、自分の心地よさの基準を持つことが大切だと思います。

ストレスを緩和する柑橘《かんきつ》系の香りをキープする。
飛びきりいいタオルを買って、つらいときに触れる。
ライトの光の質にこだわる。

五感で心地よさを味わえるようなものをまわりに置くのです。自分の居心地のいい場所、ホーム感を与えてくれるようなものなら何でもいいと思います。

私はサロンでも、ガウンとタオルの質には最大限の配慮をしています。「どこのものなの？」と聞かれることも多いので、みなさん敏感で気にしていらっしゃるのだと思います。

最近言われている「もふもふ感」もいいですね。「抱かれ感」が得られるもの、と言えばわかりやすいと思います。

私はシーツやタオルはもちろんですが、グラスのあたり口の触感もとても気になります。人に触れる仕事をしているからか、触感がリラクセーションにつながることはよくわかります。

五感で言えば音楽もそうです。サロンでは、私がプロデュースしたゆらぎの音楽を流していますが、世界をまたにかけて活躍するオペラ歌手の方は、「いつも音に囲まれているから無音でお願い」と言われます。心地よさは人それぞれです。

そしていいものが見つかったからといって、そこに固執してしまうのではなく、いろいろ試していく、よりいいものが見つかったら変えていくのも忘れてはならないと思います。

ものとの付き合い方は、人生への処し方と似ていると感じます。

環境や立場、年齢が変われば、心地よさも変化していくからです。マットレスの硬い、やわらかいも人生の過程によって心地よさが変わってくるように。

家の中で得にくければ、庭仕事、ランニングでハイになるのでもかまいません。

一方、他者由来の心地よさも大事ですね。コロナ禍で今は難しいかもしれませんが、ハグ、握手など、またペットとのふれあいもそうかもしれません。

心地よさを意識すると、自分と対峙できます。
自分の価値観、感性が心地いいと思うもの、自分にとって必要なもの、自分を受け入れてくれるものを知ることは幸福感にもつながりますし、それをたくさん持っていることが「自分の普通」を豊かにし、ストレスやリスクに負けない「強さ」につながるのです。

また、「不調のきざし」をみたら、無理をせずプロの力を借りるという方法もあります。最近リーズナブルになってきた家事代行を頼んだことで、部屋が乱雑で気が滅入っていたのが晴れ、心地よさが戻り、スランプを脱してモチベーションが復活した方もいます。

あるお客様は、**自分を元気づけようと花を買うときは、プロがアレンジした花束を買ってみるそうです。**「いつも自分が買うときのセレクトとは違う、その鮮烈さにエネルギーをもらった」とのこと。ひとりでもがき頑張るより、人の力をうまく借りたほうが周囲も自分もハッピーになれることもあるのです。

第2章

「美的感覚」を磨くために

——なりたい理想の細部を見つめる

10 ディテールを何より大切にする

自分の美しさを考えるときに大切なのが自分の身のまわりの「ディテール」への注意力です。

その**基本は清潔感。**

イタリアの旧王族のプリンセスのマダムは私のところにいらっしゃったとき、「ミキコ、今日は私の爪を見ないでね。ネイルがちょっとはげているから。シミのついたTシャツを着ているようで恥ずかしいの」

とおっしゃいました。

私からすれば、家事も優雅にこなしているマダムですし、ほんの少しだけだと思うのですが、彼女の美意識としては、許せなかったのでしょう。
逆に言えばつらいとき、大変なときでも、細部の清潔感、美しさに救われるということもあるのではないでしょうか。
美は細部に宿る、という言葉もあるくらいですから。

ヘアスタイルでの毛先のニュアンス、メイクのアイラインのちょっとしたはね、眉の形、微妙な違いで印象が大きく変わる、それがディテールです。

ビジネスで成功を収めている中東のお客様は、普段お国でヒジャブ（ムスリムの女性が顔や頭を覆う布）をつけているため、顔の露出は限定的です。アートメイクをされている方も多く、目と眉で印象をくっきりと見せたいからではないかと推察しています。

些細な部分にこだわるという美意識、改めてチェックしてみてはいかがでしょうか。

11 セルフイメージを明確にする

自分のどこを輝かせたいか、どう見られたいのか、オンとオフで違う自分になりたいのか、トータルで統一感のある自分でいたいのか。

以前、ロンドンで一緒に仕事をしていたダニエル・ガルビンというカラーリングの名手がいます。

カットのビダル・サスーン、カラーのガルビンと言われるくらいのプロフェッショナルで、顧客にはダイアナ妃もいたほどでした。カラーだけで600ポンド（当時で約10万円）と破格でしたが、それだけの人気と評価を得ている方です。

ハイライト、カラーで髪に彩りとつやを出す。

パーティなどのためにトップにまとめた髪をおろすときにきらめく、というところまで考えてカラーリングをしているそうです。

そのサロンには室内に流れる滝があり、希望のお客様にシャンパンを出します。日本だと「酔ってしまうのでは？」と敬遠されるかもしれませんが。

特別な空間で特別な時間にしてほしい、それによって高揚したお客様を見てカラーを決めている、と言います。

仕事を見れば見るほど、美の本質をわきまえた名手のマジックだと思います。

つやのある部分を1つ作ると、他の部分でもつやを作ることができます。

カラーリングをしない人はブラッシングを丁寧にする。髪をきれいに伸ばすことでつやが出ます。上質なブラシでひと手間かけて丁寧に髪をとかすことを習慣化してみてはいかがでしょう。

私が頼りにしているカットのプロフェッショナルがいます。キャサリン妃も彼の顧客です。キャサリン妃のヘアスタイルに寄せたいと思い、彼女の写真を見せたところ、

「It's not you.（きみには似合わないよ）」
と言われてしまいました。

自分の思うイメージが、固執したものか、壊したいものか、彼は見抜いていたのだと思います。

そのころ、**仕事に少し停滞感を感じていた私はとにかく何かを変えたかった**のです。

彼のテクニックはブロッキングしないで、３６０度でカットしていく技。スタッフが髪を持ち、一見無造作にばっささばっさと切っていく。

キャサリン妃の写真の髪型とはまったく違うものになりましたが、鏡の中には、これまでにない、新しい私がいました。そのときは驚きましたが、結果メンタルも切り替えができて、沈んだ状況をブレイクスルーできました。

この例でもわかるように、手練れのプロフェッショナルと自分のイメージは違うことが多いのです。

セルフイメージの奥にあるものを見て、合致するところまでもっていくのがプロの仕事。髪型ではその助けを借りた私ですが、自分の仕事では、合致点まで到達している、とお客様に評価をいただけるよう日々邁進《まいしん》しようと思うのです。

12 変わりたいなら、まずは「なりたいディテール」を積み上げる

セルフイメージをはっきりさせるのに参考になるのが、あるフランスの有名女優の方の役作りです。

その方は役作りに入るとき、顔や髪型はもちろん、その役のウエストのくびれはどのくらいかということまで明確に意識していました。役を考えるときに、考えられる限りのディテールを決めるのです。細かく積み上げていくことで役ができあがっていくのだとか。

日常でも、「自分を変えたい」ときには、「こう変わりたい」という細部を具体的に挙げていくと、かなり効果的です。そして何より、自分の好きなディテールを書き出

すのは楽しい作業になります。
長期的に将来どうなりたいか具体的に書き連ねることが重要です。

ビジュアルのイメージは視覚から入るので効果的という説もあります。
かつては雑誌などを切り抜いて「なりたい理想」を壁に貼るくらいでしたが、今は、ネットの時代。スマホの中に映像があふれています。すぐにスクリーンショットをとって保存することもできますね。

豊富なビジュアルイメージを入手することが容易にできるのですが、その一方で、ビジュアルは情報量が多すぎて、自分の現実に落としこむのが難しいこともあります。ビジュアルは、自分とかけ離れて美しく、ゴージャスなことも多いからです。

だからこそ、その間を埋める具体的なディテールが大事になります。
もっともそうやって突き詰めすぎるとストレスになるので、チート（息抜き）の機会を設けることも忘れずに。

あるファッション関連の多国籍企業の経営者夫婦の話です。

家でも室内履きや歯磨き粉の効能はもちろんパッケージにまでこだわるおふたりですが、奥様はひとりのときに、昔のジャージのようなパジャマを着たりもするそうです。髪もあえてぼさぼさのままにしておくとか。完璧なビジュアルを維持する裏では、息抜きタイムも確保しているのですね。

日本でも海外でも、セルフイメージをディテールから積み上げるという感覚がない方が陥りがちなのが、細部にはこだわるのですが、その人を特徴づけるトータルなイメージを作れないということ。

カジュアルとフォーマルとの区別があいまいな方に、特に見受けられます。

時計やペンなどの小物でも、機能やブランドにはこだわっても、相手にどう見られるかを考えて身につけている人は案外少ないようです。小物1つでガラッと変わります。

ディテールには、相手に対するリスペクトという要素も必要だと思います。交渉の場でスーツは着ていても、ひものない靴や、ダイバーウォッチなどでは、相手によっては、「この場を軽く見ている」と思われる方もいるのです。

一方で、**業界によってはアップルウォッチやレアなスニーカーなどが、「自分はトレンドの最先端にいるんだ」という相手へのアピールにもなります。**

身につけるものだけではありません。所作の美しさも大事な要素です。よそのお宅で和食をごちそうになるとき、お椀が傷つかないよう、指輪をはずす心遣いのようなものも大切なディテールです。

仕事のできる方は、自分本位のこだわりではなく、相手へのリスペクト、気遣い、美的要素、さまざまな要素をふくむディテールを大事にしているように思います。

セルフイメージは、自分がどうありたいかと、自分がどう見られたいかのバランス、塩梅が大切。その加減がその人を表すのです。

13 対象に寄り添うことでセンスを磨く

お客様から「社交の場で失敗した」というお話をよく聞きますが、いくらディテールに気を配っても、コミュニケーションは難しいものです。それは転職をしてからの新しい会社でも、異動後の新しい部署でも、新米ママやパパの公園デビューでも同じだと思います。

そういうときに必要になるのが、「寄り添う」気持ちです。

相手の気持ちになって考えてみる。相手が、何が好きなのか、どうしたら喜ぶのか。そして自分と相手が一緒に何ができるのか。相手に寄り添うと、細部まで考えて具体的に行動できるようになります。

そうすることでコミュニケーションのセンス、装いや言葉遣いも磨かれるのだと思います。

イギリスの著名な現代アーティストが、ウエイトレスをしていた若い女性と交際し、世間を騒がせたことがあります。

若くてきれいなだけで、すぐに別れると思われていたようですが、彼女はみるみるうちに洗練され、外見だけでなく、社交術やコミュニケーション能力も磨いていきました。

年上でお金もある現代アーティストに、ただ甘えるのではなく、寄り添い、彼のために何ができるのかまでを考えて、自分を高め、変えていったのでしょう。やがて別れは来ましたが、今では彼女はPR会社のやり手経営者になっています。

自分に対しても同じです。今の自分に何をプラスすればいいのか、どう変えればいいのか、誰かの相談にのるように、自分へのアドバイスをしてみる。

すぐに、と言われても難しければ、**仲のいい友人に自分のイメージを聞いてみる。**

恋愛に関しても、「あなたはこういう人が好きだと思う」と誰かに言ってもらう。

他者から見た自分がどうなのか。時間がたってからも、セルフイメージを考える際にいいヒントになります。

女性の場合、恋愛で好きなタイプに固執すると、相手に合わせてセルフイメージを作ってしまうこともあります。相手と結婚することが目的となり、ゴールインできるかもしれませんが、結婚は持続してこそ。本来のセルフイメージをゆがめてしまうことで、後で苦労する例をいくつも見ています。

人は生命力のある人に引き付けられるものだと思います。生命力は、髪や肌のつや、透明感に表れ、美意識はディテールに表れます。どちらも表裏一体です。

また、寄り添うのは、人とはかぎりません。ものにも寄り添うことで見えてくるものがあります。

セレブリティの方のご自宅に行くと、必ず目に留まるもの、ハッとさせられるものがあります。感性が震えるものがあればしめたもの。

西海岸のセレブのご自宅で見た椅子が気になって調べると、それはル・コルビジェの従兄弟のピエール・ジャンヌレがデザインした家具でした。インド政府も関わる都市プロジェクト、チャンディガールの都市計画のためにデザインしたものの1つ、イージーチェアというものだったのです。

心がハッとさせられたものの時代背景とその成り立ちを知ることで、デザインやディテールに対する美意識も変わったような気がしました。

セレブのご自宅に行けないとしても、インテリアショップや美術館、ネットでもいいものに出会うことはできます。もちろん値段が高いものがいいものではありません。あなたの心が震えるものとの出会いが、ディテールをきちんと見る目を養い、センスを磨くことになるのだと思います。

14 髪のつや、肌のつや、目のつやで、生命力を輝かせる

人の美しさ、そして生命力の基盤にはつやと透明感があると先にも書きました。クリスタルの輝きと透明感にたとえればいいでしょうか。磨くことで、よりその魅力が際立ちます。銀の食器も磨くことでつやが出て、曲線も影をふくんで美しくなります。

髪や肌はエステやヘアサロンの力でつやを出すことができますが、**目のつやだけは自分で何とかしないとどうしようもありません。**

体調の不安やストレスにまみれていては目も輝きません。心につやがないと目にもつやが出ないのです。

心身ともに健康で好奇心に満ちていれば、「何かやってみよう！」と瞳はキラキラ輝いています。子犬の目を思い浮かべていただければいいでしょう。

潤いがあって、つやのある目はどんな宝石よりもあなたの魅力を際立たせます。

顧客のひとり、フランスの方で、ハリウッドに進出した女優の方もつやを大切にしています。

顔はもちろん、デコルテのつやにもこだわっています。トリートメントでも「つやが出るように」とリクエストされることもあります。

余談ですが、その方は競技会に出るほどハイレベルな乗馬をされますが、馬の調子を見極めるには、「毛艶《けづや》が決め手よ」とおっしゃっています。普段から自分のつやに注視しているからの感覚だと納得しました。

疲れているときでも、唇にグロスを塗って、顔の中につやつやした部分を作る。

手に保湿クリームを塗って、すべすべ感と滑らかさを出す。

デコルテに手を当て回すようにマッサージして血行をよくするなど、自分でできることもありますが、プロの手を頼って、髪や肌につやを出すようにするのも、活力を得られると思います。

そのためにも自分の体調まで配慮してくれる頼りになる「腕利き」をキープしておくのも一考です。

15 首の疲れを癒して「目力」を蘇らせる

疲れてくると、**「目力」**が弱まります。

案外見落としているのが、首の疲れです。**意識してみると、首が疲れると目が開きにくいことがわかる**と思います。

逆に首を鍛えると、目が大きくなる、という声も聞きます。顔と首の筋肉はつながっているからでしょうか。

私たちの頭は5キロ前後あって大変重いので、それを支える首はつねに緊張しています。加齢とともに筋肉は衰えるので、歳とともにますます疲労しやすくなり、頭は前に出て、それに応えるように肩も前に、内側に出てきます。

そのバランスをとるためにアゴが前に出て、姿勢も悪くなります。肺も圧迫されて深い呼吸がしにくくなり、代謝や自律神経にも影響が及びます。スマホを見る時間が長く、首が前に出る姿勢が常態化している人は要注意です。

目のまわりのマッサージはもちろん、頭頂部から側頭部、首にかけてケアすると、目力が出てきます。

❶眉毛の下にあるくぼみを上に向かってやさしく押す。
❷こめかみをやさしく押し回す。
❸眉毛の上を指先で数カ所プッシュ。
❹頭頂部を広げた手指の先で包むようにプッシュ。
❺側頭部は親指、小指以外の各3本の指を揃えてプッシュし、回すようにマッサージする。

緊張しがちな首をリラックスさせることも大切です。椅子に深く坐り、口を開けた状態で息を吐きながら頭をゆっくり回します。一度深く吸い、また吐きながら逆方向に回します。最後に両手を首の後ろで組んで、時折、上を向くようにすることで緊張を和らげることができます。

普段から気をつけるとすれば、**百会**《ひゃくえ》（頭頂部の少し凹んだ部分。多くの経絡《けいらく》が交わる重要なツボ）を意識して動作すること。

天から気が入ってくるといわれる百会から動くようにし、また意識して天に向けるようにすると、姿勢がよくなります。

16 かたくなった耳まわりを、効果的にほぐす

マスクをすることが日常化し、イヤホンやヘッドホンをすることも多いライフスタイルで、耳にはこれまでにはない負担がかかっています。

耳とその周囲がかたくなっている人が多いのです。同時に側頭部全体もかたくなりがちです。

耳にはツボが集中しているので、マッサージ、耳のケアが必要です。
また、耳やその周囲がかたくなっている方は、聞き間違いが多いように思います。
これまでは、周囲にさまざまな音がありましたが、ヘッドホンだと限られた音を聞くのがクセになり、多様な音が聞き取りにくくなっているのかもしれません。

鳥の鳴き声や波の音など、自然の音を聞くとリラックスすると聞いたことがあるかもしれません。

私がかつて参加したプロジェクトで、世界トップレベルの音楽グループのあるメンバーの不調を治す、というものがありました。医師、理学療法士、栄養士、オステオパシー（アメリカ発祥の自然治癒力を重視した治療法）、ヨガ、ピラティス、私（私のメソッドは一般名はありません）でチーム編成し、さまざまなアプローチでセラピーをしました。そのとき、音楽や音も試行錯誤して使用しましたが、自然の音とアップテンポの音楽を組み合わせたものがもっとも効果的でした。

ちなみに耳のケアでいえば、「加齢臭」は耳の下から出るので清潔さを保つようにすることも大切です。

アルコールを飲むと、特に加齢臭が強くなるので気をつけている、という男性もいます。

眼鏡をしている方は特に注意したほうがいいでしょう。眼鏡が耳に接している部分は汗をかきやすく、そのままにしていると臭いの元となる細菌が繁殖します。ストレスや疲労も臭いを強くする原因になります。

17 鼻下を意識して、若さを保つ

加齢の特徴に鼻の下が伸びる、ということがあります。知り合いの美容医療のドクターに聞くと、今美容医療の世界でも鼻下を切開して短くする手術がはやっているそうです。

鼻の下が短いほうが若々しく見えるのは、意識していろいろな人を見ればすぐわかります。

また、案外自分では気づいていないのですが、**緊張して歯をかみしめていると、口横が下がり小鼻が広がって鼻の孔が大きくなります。**

マスクを日常的にしていると、「マスクこり」を感じる人も多いようです。耳周囲がかたくなるのは先に書いた通りですが、ほうれい線も深くなりやすくなります。

マスクをつけることで、口周辺のケアは前ほど気を遣わなくてもいいから「マスクのほうが楽」という人と、「だらけてしまわないように気をつけていよう」という人と二極化しているように思います。

そういう方のために、**マスケア**という顔周辺のマッサージを考案しました。

私のインスタグラムで動画も出しています。簡単に説明すると、

❶頬をほぐしながら口を開けたり、閉じたり。かみ合わせの部分を特に。
❷親指薬指以外の3本の指全体で頬を上に上げるように押さえ、舌を出す。
❸首の下の筋肉を意識して、
　中指か薬指で鼻横のマスクの上の縁が当たるところをマッサージする。
❹耳をつかみ、回して引っ張る。上の部分を斜め上に引っ張りながらほぐす。
❺こめかみ、おでこ、眉の上下を指先でほぐす。
❻頭頂部を5本の指でつかむようにマッサージする。
❼首の後ろ、前に倒すときに曲がる部分をほぐす。
❽全体を軽くほぐして終了。

あるハリウッドの女優の方とマスクのことでやりとりした際に、

「死ぬときにはマスクできないわよ。私は自分が死ぬときにいい顔でいたいのよ」

と言っていました。


鼻下は、身体で言えば足腰のようなもの。 しっかりしていないと表情の躍動感やエネルギーは出てきません。一度衰えてしまうと、顔でもリハビリが必要になります。見えないからいい、見せないからいい、という気持ちでは緊張感もなくなるので、衰えるのが早くなるのはおわかりいただけると思います。

マスクをして隠しているようでも、表情が鈍っているのは相手に伝わります。

お客様のひとり、ある女性医師が、

「お年寄りの方が、ズボンを穿《は》いていても筋肉が衰えて足腰が弱っているのはわかるでしょう?　マスクも同じよ。隠しているつもりでも隠せないものよ」

とおっしゃっていたのが印象的です。

18 髪・歯・筋肉を衰えさせない

美意識はつやと透明感、そしてそれは生命力と表裏一体である、と申し上げました。それを実現するためには、表面的なケアだけでは不足です。

マスクをつける日常をチャンスととらえ、歯列矯正《きょうせい》やインプラントを徹底する方もいます。しかし、**まずはしっかりと口腔のケアを怠らないこと**です。

歯や口腔ケアを怠ると、歯槽膿漏《しそうのうろう》が進み、歯ぐきがやせることで鼻下がますます伸びてしまいます。

歯槽膿漏は生活習慣病の原因や促進にも関与している、ということは医学的にも証明されています。歯槽膿漏が深刻になればいずれ歯を失い、若々しく見えるどころではありません。歯のケアを入念にすることは必須です。

消化にも健康な口腔が前提です。

フロスなどのケアはもちろん、私はガーゼや専用の器具を使って歯ぐきのマッサージも欠かしません。血行のいいピンクの歯ぐきは、笑顔に大きな魅力をプラスします。歯ぐきが赤くなったように見えたら、ケアが足りていない証拠。炎症を起こしている可能性もあるので、歯科で見てもらうことも必要です。

ロンドンの著名な歯科医は、歳をとればとるほど入念なケアが大切で、プロによる定期的なクリーニングも必要になり、日常使う道具も増えるのは当然と言います。インプラントのケア不足からの治療も増えていると言います。日常の地道なケアが必須です。

私は、虫歯や口内炎、歯周病に効果があると言われる**マヌカハニー**もとるようにしています。殺菌効果のあるマヌカハニーは口内だけではなく、ピロリ菌や大腸菌などへの抗菌作用もあり、腸内細菌を整え、免疫力のアップに効果があると言われるスーパーフードです。

髪も、外からのブラッシングだけではなく、上質のアミノ酸をふくむたんぱく質、ヨードやビタミンA、Eなどの適切な栄養が必要です。**顔につながる頭皮ケアも大切です。**つやのない髪、コシのない髪は若々しさとは反対のものです。

鼻、首のところでも触れましたが、首の疲れからくる姿勢の乱れは、老化を加速させます。

男性はもともと筋肉量が多いのですが、中高年に差し掛かると筋肉量の低下に拍車がかかり、首も細くなります。頭の重さは変わりませんから、ますます負担がかかり、それを支えるために肩が前に出、内に入ることで首が短くなります。そのままにしておくと、頸椎にまで影響が及んでしまうこともあります。

意識して肩の外旋《がいせん》のムーブメントを取り入れることで、姿勢を保持し、若々しいラインを保ち「老けた」印象を防ぐことができます。

姿勢とともに筋肉の保持も意識する必要があります。

男性のお客様にうかがった話ですが、ジムのサウナの常連で大胸筋など上半身の筋肉は立派なのに、後ろを向くとお尻がペタンと平らで、太ももが細い年配の人がけっこういる、とのことです。

上半身、体の前面は鏡で目視できるので、トレーニングのモチベーションも維持しやすいのですが、下半身や背後は意識が届きにくいのでしょうか。

筋肉量は何もしないと年に1％程度減っていくと言われており、70歳では20代のころより30％以上筋肉量が減ってしまいます。

特に大腿の筋肉など、大きい筋肉量の減少は顕著だそうで、疲労のケアだけではそれは防げません。

現在長寿化に伴い、健康寿命の危うさが言われています。寝たきりという言葉はまだ遠い先と思っているかもしれませんが、トレーニングは始めたときから効果が出るものです。始めるのに遅いということはありません。

下半身の筋肉が減れば動きは緩慢になり、若々しさは減ってしまいます。支える重さは減るどころか増えていくので、腰痛や肩こりの原因にもなります。

男性を例にしましたが、女性はもともと筋肉量が少ないので、減った感じがしないかもしれません。脚が細くなってうれしい、などとおっしゃる方もいます。

でもそれは衰えた証拠。加齢とともにヒップの肉も落ちます。

ぜひ筋肉の保持を自分の美意識の要素に加えてください。

その際に気に留めておくことの1つ。先ほどの鏡ではありませんが、身体を前、もしくは後ろという平面でとらえないこと。私のトリートメントもつねに3Dを意識して行っています。

きちんと筋肉がついたきれいなウエストも、横の部分が細いだけではなく、後ろに向かってえぐれるようにくびれています。もちろん、女性の場合、滑らかな脂肪がのっていますから、陶器のような美しい曲線になるのです。

前側も腹直筋がきちんとあると、その横に縦のラインができ、ニュアンスのある美しいお腹になります。

身体のケアは、トレーニング、栄養、休息とトータルでとらえ、自分の美意識にしっかりと定着させたいものです。

無理なダイエットによる「細くなる」という発想は、持続的な美とは遠いものと心に留めてください。

19 顔につくるなら「やさしい横じわ」を

過剰なものは無駄に通じ、やがて負担になり、マイナスへと転じます。美も同様。美の要素としてあげたいのが「引き算」の美学です。

私の英国のクライアントに、有名なリース作家がいます。毎年クリスマス前になるととても多忙なのですが（安いもので1点150ポンド、高いものだと1000ポンド以上だとか）、その方が「リースは顔よ」とおっしゃるのです。

リースは、みなさんがイメージするようにいろいろなものがついています。ぎちぎちに詰めこまれたもののほうが、実は作りやすいそう。でも彼女が大切にしているのは、日本の生け花のような、配置と空間の美。ものを加えていくのではなく、無駄なものを引いていく作業です。リースを1つの宇宙ととらえ、空間を意識しながら星と星の距離と比率を考えて配置していく。

「顔も宇宙なのよ」と、彼女と同じ発想の私は盛り上がりました。

私が顔のこざっぱり感というときに意識しているのが「やさしい線をつくる」ことです。**縦じわはきつく、笑いじわは優しい。**

眉間の縦じわに代表されるように、縦のしわは「険《けん》」を表します。余裕のなさを示しているように見えます。

顔の筋肉も、皮膚も、時がたつと引力で下がります。

あえて耳を引っ張って笑顔をつくり、優しい「横じわ」をきれいにしましょう。

眉間のセルフマッサージなどで縦線のケアするのも大切です。

指の腹で眉間を押さえ、円を描くようにほぐします。

リース作家の彼女は、自宅の庭を日本庭園にするほど日本文化に造詣《ぞうけい》が深く、「着物の襟足の美しさは研究に値するわ」と言っています。

「龍安寺の石庭と着物の襟足はこざっぱり感と関連づけられるわ」

と語り、空間の美学にまで話は及びます。無駄を省き、配置に心を砕いた「美」はものや情報にあふれた私たちが取り入れるべき課題ではないでしょうか。

こざっぱり感でいえば、セレブのお宅のキッチンは余計なものが置いてない印象があります。広いからでしょう、ということではなく、ある女優さんは「すぐ料理に取りかかりたいから無駄なものは置きたくない、が第一ね」と言います。

動線を意識し、ハーブや各種オイルをディスプレイするにしても単なる装飾ではなく、料理の手順に沿って機能的に置いてある。

ベッドサイドも同じです。

朝起きたとき、最初に見るところだから大事にしたい、ということでしょうか。「朝起きて時計以外のものに触れると、朝の気持ちがよくない」とその方はおっしゃっていました。**単に広くてものが少ないのではなく、オーガナイズされたインテリアのこざっぱり感というのは、成功している人に共通する**ような気がします。

あれこれ迷わずにすむように規則性があり、統一感がある。日々の行動にもそれが表れるのです。

20 美容医療とまっとうに向き合う

美容医療はどんどん進歩しています。
私のところにもいろいろな情報や体験談が聞こえてきます。そして知り合いの美容医療のドクターからもいつも最新の医療の話を聞いています。お客様も興味津々で、体験されている方も増えてきました。私もそのドクターのところで、いくつかの施術を体験しています。

しわやしみ、そばかすなど、2019年夏の東欧旅行で紫外線にさらした肌は化粧品だけでは抑えられません。

美容医療も世界さまざま。とても興味深く、各地のカルチャーや、背景まで見えてくるので、よく聞かれますが、自分の中では美容医療を否定しません。お客様にも対応していますし、そのノウハウも積み重ねています。美容医療で悩みが解消し、人生が明るくなるなら、とても能動的なことではないでしょうか。

多くの方は、美容医療の情報は口コミとインスタとおっしゃいます。美容クリニックのインスタを見ると、どの施術に強いかがわかります。そしてそこに出てくるのが、自分が好きな顔か、身体かということが大事だと言います。

お金を持っていると思われないようにシンプルな服装で行き、態度がよく丁寧に説明してくれるところは誠実な病院です。そしてどこで施術するのか、すぐに決めず、何院か回ってみることも、自分に合ったクリニックを見つけるコツだと思います。

有名な美容ドクターの弟子かどうかというのが選択のポイントという方もいます。

アメリカでは、ハリウッド顔、ニューヨーク顔、テキサス顔、と医師の傾向もはっきり異なると聞きます。日本人の顔はそこまではっきりと類型化できませんが、自分のイメージを明確にしておくと、迷わずにすみます。こちらが迷っていたら、どうなりたいかを伝えることはできませんよね。

大人の女性にとって美容医療は、うまく付き合うことで、自信をもって歳を重ねることができると思います。

美容医療の医師には、技術はもちろん、何が美しいかという「美的感覚」が求められます。

1ミリ違うだけでも、顔のバランスは大きく変わります。やり過ぎは後悔の元になりかねません。

さきほどの日本的引き算の美学ではありませんが、あれもこれもとすすめる医師、可能性のみを喧伝《けんでん》して、仕上がりのバランスや全体的な印象の変化などに言及しない医師、選ぶ言葉が自分の感覚と合わない医師などとは、慎重に付き合ったほうがいいでしょう。

第3章

「ふるまい」はセンス

――人間関係はリスペクトが根底に

21 相手へのリスペクトが根底にあるか再確認する

世界中に支社や店舗を持つファッション関連企業の本社を訪ねたとき、帰りにお土産をいただきました。

中を見ると、蜂蜜《はちみつ》。

「パリの真ん中で蜂蜜……」

私が意外な顔をしていたのでしょう。見送りに来てくれた方は、「これはパリのミツバチが集めた蜂蜜なの。この会社で飼育しているのよ。蜂は環境のバロメーターになるから」と説明してくれました。

この企業は、環境問題や人権問題に対して、はっきりと意見表明をする会社です。

蜂蜜のお土産は、私に環境問題の大切さを伝え、そしてゲストである私への扱いも、

環境と同様大切だというメッセージが込められているようで、とても感動しました。

人種、文化、宗教、慣習の異なる国家が円滑に交渉、コミュニケーションをとるための基礎的なルールを「プロトコール」といい、国際儀礼と訳されています。

語源はギリシャ語で「ニカワ」だそうで、ものとものをくっつけるという意味ですから、そのほうがわかりやすいかもしれませんね。

私たちはさまざまなバックグラウンドの方々と仕事やプライベートで接しています。対面の人間関係だけでなく、ネットでだけのコミュニケーションでもそうです。そしてそのバックグラウンドも、どんどん多様化しています。

人種や肌の色による差別、LGBTQ、多数のハラスメントなどは気を遣わなければいけないのは当然のことだとわかりますが、「価値観の違い」というようなことになると、どの立場であると表明すればいいか、わからなくなってしまうこともあるでしょう。

そこで第一に考えておきたいのが、**相手に対するリスペクト**。相手とコミュニケーションをとるのですから、好きであろうとなかろうと相手を尊重するという姿勢が必要です。相手に好感を与えること、相手に敬意を表すこと。相手に迷惑をかけないことです。

私のクライアントにはさまざまな方がいて、性転換された方、ＬＧＢＴＱの方もいらっしゃいます。最初は戸惑うこともありましたが、**サロンに来て服を脱いだら、地位も性別もお金持ちかどうかも、もちろん関係ありません。**

「お客様の身体とともに魂にも触れているのだ」

こう感じたら、リスペクトする気持ちさえあればいいのだと思うことができました。日本にいるだけでは会得できなかったことかもしれません。

イギリスでは幼稚園でも男の子はこっち、女の子はこっちと、何かと見た目の性別で区別することはありません。ジョージ王子が行くような幼稚園でもそう。

これまで無意識にしてきた従来の接し方や潜在的な偏見をそのままにしていると、見識を疑われることにもなりかねません。

昔からの一般的なマナーも前例も、現在はそのままでは通用しないことも多いので、臨機応変に対応しないといけません。それは公園デビューでも、新部署への異動、お食事会でも同じです。

最初に例に出した環境問題などは、一見、語りやすい、いいテーマのようにも思えます。でも自分の意識の高さを示せるからとそれについて滔々《とうとう》と話したりするのは疑問です。

もしも相手が石油関連会社の方だったら。あるいは、SDGsの仕事の最前線にいらっしゃる方かもしれません。そうでなくてもコンセンサスのとりにくい話題を前面に押し出すのは、やはり相手に対するリスペクトを削ぐリスクがあるので、私はなるべく避けるようにしています。

プロトコール
Protocol

22

第一印象こそリスペクト＋戦略で対応する

交渉事ではなくても、円滑な人間関係を築くには、リスペクトに加えて、知識と戦略が必要です。

文化的な違い、その人の個性、そして時代のトレンドをインプットして対応の仕方を変えていく。

リスペクトの次に必須なのが「戦略」です。関係をよくするのは単に仲良くすることだけが目的ではありません。何か利益、ベネフィットを生むこと、両者がウィンウィンになれれば関係性に注力する甲斐があるというものです。

出会い方も大事な一歩です。第一印象で仕事の成否が決まることも多い、という研究もあります。

最初に歩み寄るときの歩き方や姿勢。猫背で足を引きずるように歩いていたら、一緒に仕事をしようとは思わないでしょう。相手が視界に入る前から、相手に対するリスペクトを頭に歩きましょう。

コロナ禍の今はしにくいですが、握手をするときも必ずしっかりと相手の目を見て。そこでエナジーが伝わる、というビジネスマンもいます。もちろん服装だけでなく身のこなしも交渉には大切な要素だと言います。

その次は声。気持ちと熱意を込めるのは当然ですが、適度な大きさというものがあります。早口にまくし立てるのではなく、相手の反応に合わせてインターバルをとる。ずっとメモ帳を見ながら話すのもNGです。あくまで相手の目を見て話す、が基本。相手に正対して、椅子に浅く坐り、5度くらいやや前のめりの姿勢が熱意が伝わりやすい。彼はそれが自然にできるように早めに来て、ミーティングが始まる前にシミュレーションするようにしているそうです。

もちろん仕事ですから、うまくいかなかったと思うこともあります。そんなとき、失敗してしまった、という自分への失望を見せないよう、相手に「会えてよかった。嬉しかった」というメッセージが伝わるように心がけるそう。相手がわかっているんだから、印象がよければリカバリーのチャンスもきっとある。相手にも、また会ってもいいかなと思ってもらえるようにするよう頑張るそうです。

帰ったら、その日中にお礼のメールをする。お礼状を書く。当たり前と思われるかもしれませんが、それができている人はそれほど多くないと思います。基本はあくまで相手に対するリスペクトで、それが相手に伝わるように心を砕くということです。

私が仕事でお客様に接する場合も同様です。

トリートメントの際、中東の方は欧米の方と異なり、身体の露出を好まない傾向があります。そのため、タオルの種類、トリートメントの順序も変えています。そこへお客様の個々の状態に応じた施術を行っていきます。

戦略実行には道具がかかせません。

コミュニケーションの道具を持ち、つねにブラッシュアップすることも大事です。

顧客の多くの方に手紙やカードを効果的に使っている方をお見受けします。自分のイニシャル、時には家の紋章入りでオリジナルのカード、封筒を作っている。そのカードで自分のイメージを作っているのです。「Thank You カード」と「Birthday カード」などシーンに応じて作っていらっしゃる方もいます。

自分のサインをプロに頼んで作っている方もいます。

そしてもう1つ大切なことは、印象に残るコメントを付け加えること。

あるマダムは私のトリートメントを受けて、「Thank You カード」をくださいました。

そこには、「あなたのトリートメントで人生がぱっと明るくなったわ、ありがとう」と書いてありました。お礼の言葉だけでなく、具体的な一言があると、より印象が深くなりますね。

23 「プロトコール」を柔軟に考える

私の知人が、ヘンリー王子とメーガンさんの結婚式に招待されたときの話です。王子の結婚相手がアメリカ人で、英国国教会の信者でもないことから、どのような式になるのか予想がつかなかったそう。彼はオーソドックスな伝統を守り、式に出席しました。

ご存知のように、式ではゴスペルが歌われ話題になりました。典型的な英国国教会の結婚式とは少し違いましたが、プロトコールというのも流動的であっていいのだと印象的だったといいます。

その後もいろいろと、プロトコールや伝統とは異なるふるまいで話題になるご夫婦ですが、結局は伝統の王室を離れてしまいました。

王族は足を組まないとか、競馬場での帽子についてなど細かいルールやしきたりがありますが、**伝統も流動し、時には根幹は守りつつも対応していかなければいけない時代**だと思います。

かくいう私も冷や汗をかいた記憶があります。

留学時代の友人のトルコ人の新婦、ギリシャ人の新郎の結婚式がイスタンブールで行われました。

土地もエキゾチックなので、トルコの伝統にのっとった式と想像し、服装もイスラム教に配慮して露出も色も抑えた服装で参列しました。

ところが、イギリス留学時に知り合ったふたりの式は、完全にヨーロッパ式のウエディングだったのです。私は地味で、祝いの席で気が引けたのを昨日のことのように覚えています。

思い込みではなく、できるだけ情報を収集し、フレキシブルに対応することが大切だと痛感したものです。

もちろん外国では、慣習でのタブーもインプットしておきたいものです。宗教的なタブーを知らずに無視するようなことになると、仕事がうまくいくどころか大問題にもなりかねません。

些細な動作でも文化的な違いを知らないと失礼になってしまうことがあります。

たとえば日本では普通の手招き、手のひらを下に向けてこちらに呼び寄せるしぐさは、欧米では侮辱的なしぐさですし、インドや東南アジア系の方の子どもの頭をなでるのも、成長が止まる、神様が出て行ってしまうなど、タブーとされている国もあるので、控えておいたほうがいい。

ジェスチャーはくせになっているので、知識として理解しておくしかありませんね。

ビジネスでのフレキシブルな対応は必須です。

あるベンチャー企業の創業者は、「相手にプレゼンテーションするときも、相手の反応を見て対応できるよう、A案B案と必ず用意しておく。案が1つだと、少しでも疑問を持たれたときに、そこから挽回するのは大変だからね。でも、自ら選択肢の中から選んだように相手に思ってもらえたら、うまく進む可能性は高くなる」とのこと。

友人にランチの場所を提案するときもそうです。複数提案することでスムーズにいくことは多いと思いませんか?

また、反対意見を表明するときも、「それは違うと思います」では話は止まってしまいます。

ある王室評論家がキャサリン妃の服を評して、

「私は好きな服ですが、賛否両論あるかもしれませんね」

と言ったことがありました。

議論の際に、自分の意見に反対意見があって当然だということをさりげなく表明すれば、相手も言いやすくなり、論議が進みやすいと思います。

先の創業者曰く、**コンペに勝ったり、成功したときにこそ、modest——控えめにしなさい**、と社員に教えますと。そしてプレゼンテーションはうまくいった後の態度も大事だと。

ビジネスでは勝者がいれば敗者もいる。社会は共存共栄、いわばお互い様。競争に勝ったことを吹聴して周囲への配慮を欠いてはならない、ということです。根底にリスペクトがあれば、単純に勝ち誇ることはできないはずです。

24 会話のきっかけになる引き出しを多く持つ

先に「Thank Youカード」の話をしました。

そして相手に好印象を抱いてもらうには、具体的な言葉が必要だと書きましたが、なんでもいいというわけではありません。

会話のきっかけもそうです。環境問題の話題もそうですが、会って間もない相手に、自分の価値観や、相手とのセンスの違いを際立たせるような話はやめるべきです。

一般的に、政治、宗教、病気の話はNGと言われていますが、とはいえ天候の話ばかりしているわけにもいかないので悩ましいところです。


私は、相手の食の好み、レストランや料理などを話のきっかけにすることが多いように思います。食からその方の嗜好や考え方、そしてその先の文化的なバックグラウンドや哲学のようなものを感じるからです。

その後に、聞ける範囲で家族構成をうかがいます。セレブリティは離婚、再婚も多いので、ステップマザーなど義理の複雑な関係もめずらしくありません。それらを頭の中で整理して、失礼にならないような態度を選ぶようにしています。

また、先方の文化の話を聞くことは、敬意を示すことになると思いますが、海外の方でも日本食ブームということもあって、日本に詳しい方も増えています。

だからこそ、日本文化について、相手に説明できるくらいの知識は欲しいものです。海外の方からプレゼントをいただくこともあるのですが、ロシアの方からはマトリョーシカ、トルコの方からはナザールボンジュウという目玉の魔除けのお守りなど、その国の文化を象徴するものだと印象が強く残ります。

もちろんお花やシャンパン、チョコレート、キャンドルなど吟味されたものも印象に残ります。日本では菊の花は通常プレゼントには使いませんが、欧米ではタブーで

Thank you

はないことも、それで知りました。

余談になりますが、相手の心遣いが身に染みたのがある王族のお客様からいただいた「神戸牛」と「獺祭《だっさい》」。ビザ取得のため、ロンドンから動けなかった私の状況に配慮していただいたプレゼントには「早くビザがとれるといいですね。私はミキコがロンドンにいてくれてうれしいけど」というメッセージ。とても印象深い贈り物でした。

あるセレブの方は、事前に「話す項目リスト」を書き出しておくそうです。この方はご自分でも事業をされていて、チャリティパーティも主催するなど、多彩に活動されています。パーティで集まる面々は、それぞれ立場も違うので、話す内容も事前に確認しておかないとうまくいかないのだそうです。

◎事業家としての自分
◎チャリティ団体の主催者としての自分
◎子どもの親としての自分

◎夫の妻・夫婦としての自分
◎個人としての自分

など、自分の表現のしかた、着るものも変えているそうです。今日はこのモードだ、と切り替えるのに役立つのが服装。自分でもわかりやすいのだとか。

この方が、その日会う人が以前会っていた場合は、そのときのメモもパーティの前などに見返すそうです。

挨拶程度ですめば簡単ですが、ある程度の時間を共有する人との話を盛り上げるのはたやすいことではありません。

そのためにも、話題の引き出しは多いほうがいい。天候とゴシップだけでは、相手も興味を持ってくれません。前に話したことなどその方の話を入れることは天と地ほど違うそう。

私は自分の専門分野の1つから派生した東洋の健康法やアート、インテリア、レストラン、料理など、引き出しごとにスマートフォンの写真にフォルダを作り、気になるものを撮影したり、スクリーンショットで保存しています。

何も準備をせずに、相手に好印象を残すことは、ほぼ不可能だと思っています。

また、相手によって「仕事の話」、「子どもの話」は控えめにすること。また、何らかの理由でシングルでいる方には旅行や美術館の話など、聞くと当たり前のようですが、案外気づかないうちに自分の都合のいい話題になりがちです。時事問題ふくめアンテナはたくさん張っておきなさいという、ある方からいただいたアドバイスは守っています。

25

「聞く姿勢」を意識する

話す内容の大事さとともに、非常に大切なのが**「聞く」**ことです。

相手が話しやすいようにすることで、意外な情報を聞けたり、より親密になれたりします。

あいづちのうまさは会話上手の必要不可欠な要素です。まずは、相手を肯定し、受け入れること。最初の前提、リスペクトを思い出してください。

会話のやりとりをしながら、情報を得る。一問一答形式の、テニスのラリーの打ち返しのような質問ではなく、相手が話しやすいような流れを作れば、自然にいろいろ話してくれるでしょう。

それは国際問題の話し合いの場でも、お受験ママ同士の情報交換の場でも、競争意識を見せず、戦友のような共有感を根底に話すことで有意義な会話になります。

イギリスのある投資家の方はおっしゃいます。子どもの頃に、病気の馬の世話をしたことで、仕事の基本を学んだと。

朝早くから厩舎《きゅうしゃ》に行って、バケツで糞《ふん》をとり、馬にブラシをかける。馬の調子を見て、声をかけながら世話をする。そこでニンジンをあげるとき、自分ひとりだけであげるのではなく、近くにいる小さい子にも、「ほら、やってごらん」と言って渡したりする。そのときに、馬の調子をどう思うか聞くと、皆意見が違ったそうです。自分は馬の表情を見ているとき、その子は脚の状態を見ていた。自分とは違う着目点を聞き、それを馬の世話に取り入れることで、馬がどんどん元気になったそうです。

毎朝、早起きするのは大変だったけれど、日々の積み重ねで学んだことはかなり多かったと言います。

目の前の知識や経験を、自分だけで引き出しに入れても、広がりには限界があるのです。まわりのことを考え、工夫して対することで、自分が持っている以上の知識や経験も自分の引き出しに加えることができるのではないでしょうか。

26 自分の「コア」をもう一度、確認する

「プロトコール」に気を遣い、良好な人間関係を築くために、人の話を聞き、多くの引き出しを作って話題を豊富にする。

コミュニケーションに必要な要素ですが、本来の目的は友好で有効な関係を築くこと。相手を尊重するあまり、ただ相手に合わせているだけでは両者の関係に発展性がありません。

「空気を読む＝自分を抑えること」になってしまうと、それが「普通」になり、それが常態化し楽になり、自らの意志や新しい発想が生まれにくくなるかもしれません。

成功するには、ある瞬間、あえて「空気を読む力を捨てること」も必要なときがあると思います。

わかっていて空気をあえて読まないのはきついことです。無用な敵を作らないようにしなければいけませんし、新たな価値を生むように意図し、それを実践して成功に導かなければいけないのです。

そのためにも、**自分の目指す方向を見極めておかなければいけません。**そしてどこでどう生きるか、受け入れられる場所を見極めるセンスが必要です。自分の仕事、人生などで目標だと思っているものを考えてみることで、自分の特性や合っている仕事、環境が見えやすくなると思います。

長く生きていると、何がコア（自分が大切にしている根幹）か、明確ではなくなってしまうことがあります。私が仕事で接する方はどなたも多彩な方たちですが、何がコアか、家族なのか仕事なのか（それも、どのジャンルの仕事なのか）を判断するようにしています。

コアと多彩さの両輪が大切なのです。

体を鍛えるトレーニングでも、インナーマッスルと呼ばれるコアな部分だけではなく、先端のさまざまな部位を鍛えることが必要だと思います。「コア／先端」です。トレーニングもそれぞれの部位を意識して強化すると効果が増すように、今、具体的に日々行っている仕事やミッションと、自分の大事な目標や価値観をただ並列にするのではなく、「コア／先端」の間をいくつかに区切って、より具体的にする意識が必要です。

そうすることで、多彩な対応力と定まった方向性を兼ね備えることができるのです。

著名なインテリアデザイナーのジョナサンとコアについて話したときのこと。

彼は**「自分の映画を作る」と考えてみる**といいよ、と言ってくれました。

自分の履歴書を作る――つまり自分の人生がどのように展開してきたか、「ゴール＝結末」はどこにあるのか。自分のモチベーションは何か、自分の映画のストーリーの中で一番のデシジョン（決断）は何だったたか。

そして、自分の映画を他人が観ることを考える。どういうところが面白いのか、何が惹きつけるのか、ファクター、エレメントを考える。

強み、苦手、弱さも見えてきます。自分の価値観もふくめ、客観的に見ることができるのだそうです。


自分を分析しようとしても、なかなか難しいですが、自分を「1本の映画」と思うと、いろいろな気づきがあるものです。


譲れないところ、こだわってしまうところがコア。

私自身の映画。それは、30歳で薬剤師としての場所を離れたことが大きなデシジョンでした。

コアは生後7ヶ月から14歳までの闘病でしょうか。

薬の副作用で苦しんだ経験から薬学部に入学し、研究の道に進もうとしましたが、全人医療（ホリスティック）に興味が湧き、東洋医学の道に。

それもストーリーの大事なピースになって、今につながっているのです。

27

困った場面では「ゆったり感」が効果的であると気づく

欧米では、何事も白黒つけるのが当たり前と思われがちですが、**うまくいっている例をみると、あえてグレーの部分を残しているよう**に見えます。

流動的な現代です。状況は刻々と変わってくるので、一気に白黒つけてしまうと、きついのだと思います。せっぱつまったようなとき、トラブルが起こりそうになったときは、あえて「ゆったり感」を出せる人が成功しているように思います。

あせっておどおどしてしまうと、余計に事態を悪化させてしまいます。

私もそういうときにはあえて、ゆっくり話したり、ふるまうようにしていますが、そのほうがうまくいくことが多いです。

欧米圏では、結論を先に言わないと嫌がられる、というのは実感しています。
ですが、**結論を出しにくいときもあります。そんなときは、とにかくゆっくり話すことです。**

日本語は結論がわかりにくいと言われます。言葉の意味の確定が文末決定性にあるからでしょうが、それは日本的な美しさで衝突や対立を避けるためにはとても向いていると思います。

しかし、国際化が進むと、それがいつまで続くかわかりません。
どちらかと決め過ぎずに、場の状況に合わせて語法も変えなければなりません。

ゆっくり話し、あいまいにしていると周囲が話題を変えてくれるようなこともあります。無用な対立やトラブルを避けるにはそれが必要なこともあるのです。
相手の話し方のテンポが速く、8分の1拍子くらいのときでも合わせず、2分の1

拍子にするくらいのときも入れて、あえて緩急をつけることで場が落ちつきます。

それでも間が回復しないときは、リズム・場の空気をかえる工夫をすることです。

レストランならウエイターを呼んでメニューをもってきてもらい、お酒や料理の話をする。立食なら飲み物を取ってくるわね、と一瞬離れるなどの機転はきかせたいものです。

宗教やLGBTQのような話題を選ばないことも、違いを「ぼやかす」ために積み重ねられてきた知恵なのかもしれません。

28 マウント体質の人には2つの対処法を実践する

このように注意して対応しても、どうしてもうまくいかない場合、相手がことごとくマウンティングしてくるような場合などもあります。

そんなとき、手段は2つあります。

1つめは「自分はいい人」と妄想する。

きついことを言われても頭の中でポジティブに変換することに集中するのです。

「アイメイクが変ね」

⬅

「私の目に注目がいくくらい印象的ということだわ」

「プチプラ好きなのね」

「この人も着たくてチェックしているのね」

「仕事あまりよくなさそうね」

「ご自分が不安で私と状況を共有したがっているのね」

など、違う視点の発想力でその場を乗り切る。

もう1つは「離れる」。人間関係全般に言えることですが、昨今話題のコミュニケーション不全の人には、こちらがどんなに心を砕いて接しても、伝わらないことのほうが多い。そういう場合、あまりにストレスが多いようなら、残念と思う気持ちはあっても、とりあえず距離をおくのも対策の1つです。

国と国でもそういう状況があることを思えば、ある意味当然な選択肢だと思います。

29 早口ではない、甲高くもない、心地よい声を武器にする

「人によって自分の声がどう聞こえるかは違うのよ」

ファッションジャーナリストの友人に、こう言われたことがあります。声は服と同じよ、自分に合う服を見つけるように自分の声を見つけなさい、と。

自分の話し方を意識して変えようと思っている人はそれほど多くはないかもしれません。でも、声もふくめ、話し方は人間関係を左右する需要な要素です。

私も以前、知人に「早口ね」と言われ、意識するようになりました。

自分でも気づいた自分の声について、メモするようになりました。

意識するようになると、**私の周囲で自分の話し方を録音して検討する方が何人かいることも知りました。**

私も録音してみましたが、それをどうこうできると思えなかったので、自分がいいと思うセレブリティの話し方を研究、真似してみるのはどうかと思い、チャレンジしています。

私の場合、英語では、エマ・ワトソン、ケイト・ウィンスレット、ジュディ・デンチがお手本です。

ファッションや髪型を真似するのはよく聞きますが、話し方やしぐさまではなかなか思いが及ばないのではないでしょうか。政治家を目指しているのに、舌足らずの女性タレントのような話し方では、それだけで実現性が低くなると思います。

私にとって英語は母国語ではありません。なので、気をつけているのはダイレクトな言い方をしないということ。

英語には尊敬語や丁寧語はない、と思われている方も多いかもしれませんが、相手

をリスペクトしていることを表す表現はあります。私はお客様と接する仕事なので、大切なことだと思っています。

日本語は口をあまり動かさず、音の高低を表現する言語と言われています。私が英語で実感するのは、舌を使う言語だということです。

日本からイギリスに来てすぐ、話す時間が長いと翌日舌が筋肉痛なのでは、と感じることがありました。日本から来ている人には、誰にも苦手な発音があるようで、私はMとNが苦手なのですが、ついつい自分の苦手な音を飛ばすようになっている人もいます。

今は、メールなどテキストでやりとりすることも多いので、初めて会うときの「話し方」は重要です。

仕事でやりとりを積み重ね、電話でもやりとりをしていたのに、最後の詰めのときに初めて会って、そのプロジェクトがダメになったと聞くことがけっこうあります。それまで積み重ねてきたものが、一気に崩れてしまうのです。

この人は「こんな話し方をする人だったのか」と無意識に判断されてしまうのです。

成功しようと思う方は、メールなどテキストだけで進めるのではなく、実際に早く会うことが大切だと思います。


苦手な部分は放置したり避けたりせず、1日だけでも講座に行ってみるとか、アプリで研究、練習するなどの具体的な行動が必要です。

私にとっては、アプリ＝3Dで口や舌の動きがわかるものが、とてもわかりやすく、発音を上達させるのに効果的でした。

たとえばWの発音では、よく「口をすぼめる」といいますが、そのアプリでは「上唇をあげる」という表現で、腑《ふ》に落ちました。立体の映像で具体的に見せられるとわかりやすいと思います。


発声のほかに参考にしているのは、**「MASTER CLASS（マスタークラス）」**というものです。ビジネスで成功している人が話すのですが、それぞれのジャンルで話し方も違うのでとても参考になります。

ファッションビジネスの人はパッションやインパクトを重視、心理学の人はやわらかく優しいトーン。ＴＥＤも話すテーマがわかっているので、専門用語さえ押さえればその表現法もとても勉強になります。

今はアプリ、YouTube などにすぐに参考になるものもたくさんあります。

そして、先ほども触れましたが、英語は口や舌をしっかり使って話さなければいけないので横隔膜を意識すること。腹式呼吸をしてみるとよくわかります。

他にも滑舌が悪い原因はあります。

鼻が詰まりやすい方はどうしてもはっきりと口を動かしにくいかもしれません。

また、姿勢の悪さが原因のこともあります。これは日本語も同じ。

語学や話し方のレッスン以外に、苦手を分析してみてケアをすることで、健康のメンテナンスにもなります。舌の筋肉が衰えていると、滑舌がよくないのはもちろん、将来的に誤嚥《ごえん》しやすく、嚥下《えんげ》障害になって最終的には寝たきりで胃瘻《いろう》という恐ろしい未来になることもないではありません。

少々話がずれましたが、しっかり口を動かし、早口にならず、甲高くもならず、落ち着いた話し方がエレガントで印象にも残るはずです。

30 信頼感、説得力のある声、話し方を身につける

少人数の場合とは異なり、多くの人の前で話すとき、小声というわけにはいきません。社会的地位のある人で、ボイストレーナーを付けている方も多いようです。声や話し方によって、説得力が大きく変わることを知っているからです。

ジェスチャーなども同様です。

選挙運動に臨む政治家がどうすれば好感をもたれるか、パーソナルトレーニングで作り上げていく。要素ごとに作ってくれる情報とノウハウを持ったトレーナーが必要なのです。


私のクライアントで、責任ある立場にいる女性の何人かは、オペラを習っています。姿勢、呼吸法、発声など、しっかり話すときにとても効果的だそうです。

言葉もはっきりくっきりと話すようになり、声も上ずらず、周囲の方にも変わったことを指摘された、という方もいます。

通販業界のトップビジネスマンで、映画「英国王のスピーチ」が参考になると話す方がいました。

何をどう伝えるかしっかりとした意図と、伝えようという意思の大切さ、そして具体的な間の取り方、抑揚なども取り入れようと思ったそうです。

欧米のビジネスパーソンで、スピーチ法のコーチングを受ける方も多いようです。今はトップもプレゼンテーションをし、それが加工なしにネットなどで多くの方に見られる時代です。ジェスチャーもふくめた話し方で、印象はもちろん、説得力、ひいては自分の仕事や会社の価値にまで影響するのです。

話すときに、視線を動かしすぎないようにすることも大事です。じっと1点を見つめすぎても相手への関心に欠けるように思えてしまいますし、キョロキョロするのは自信のなさを感じさせます。

31

身体感覚を研ぎ澄ましてふるまう

セレブリティのお宅でプライベートな空間に招き入れられたとき、注意しているのが、身のこなしが大雑把《おおざっぱ》にならないこと。
歩幅も小さく、ターンも小さめにします。部屋自体は広くても、案外、密なスペースもあるので、家具にぶつかるようなことがあっては、ぶざまです。

そして慣れない空間では、一度に複数のことをしないこと。

部屋に入って、第一声は明るくはっきりと。その後は小さめの声で話します。

招かれた場所で、我が物顔にふるまえるのは子どもくらいです。

使用人の方にも丁寧に接すること。主人はそれも見ています。相手ファミリーのひとりというスタンスを忘れずに。

ソーシャルディスタンスという言葉が一般的になって、物理的な距離が意識されるようになりましたが、それをもっと突き詰めて、自分の身体感覚を磨いておきたいものです。

手に持ったバッグや、肩にかけたバッグも身体の一部、入り口であちこちにぶつかったりするようではガサツな人、という印象を与えてしまいます。

座っても、貧乏ゆすりをしたり、指でテーブルをタップしたり、日本だとペンをクルクル回すと、身体感覚とともに精神的な余裕のなさを感じさせます。

もちろん清潔感も必須です。

口臭などの臭い、強すぎる香水など、感覚の鈍さをさらしてしまっては、何もうまく進みません。

五感すべてを動員して、さまざまな情報を得て、それに的確に対応する。自然にできるようになるまでは、失敗もあるでしょう。それでも検証、反省、準備、新たな試みを意識的に持続することで、洗練されたふるまいができるようになると思います。

第4章

今の自分を受け入れる

――セルフコンパッション「自己受容」

32 承認欲求による不安から脱皮するため、自分を思いやる

お客様には複雑な人間関係の疲れを訴える方もいらっしゃいます。

そして今はSNSでのコミュニケーションもありますから1日中気が抜けません。

あるお客様は、SNS専用のスタッフが写真や表現を工夫し常時チェックしています。

フォロワーの反応も気になりますし、個別の対応に追われて、自分の普通の状態を超えてしまっていることに気づかないほど振り回されている方も見受けられます。


マッサージをされて自分の身体の状態にはじめて気づく方が増えています。


情報が多いので言葉に対して疑心暗鬼になっているのでしょうか、言葉での表現よりも「体感」を大事にする方が増えました。

SNSで「いいね！」がつかないと不安なのに、いくつついても所詮は記号にしか

思えないのでしょう。

「今日の私の服はどう？」

とネットでフォロワーに問いかけてコメントがつく。やりとりしているような気持ちになっても、実際には、自分の身体を通じているわけではありません。いくら言葉を使って確認しても、不安になるばかりでしょう。

だからこそ、自分の身体の声を聞こうとする人が増えているのかもしれません。自分で自分の状態を知る、自分の普通の状態を確認しておくことはとても大切なことですが、私の仕事は、そのお手伝いができると思っています。

私がある部位のコリをお話しすると、

「なぜこの場所がこっているのでしょう？」

と聞く方も増えていますが、そういう場合は、部位によって返事は異なります。

もちろん、それぞれの方でコリの出方は異なります。

たとえば背中がこっていたら「最近旅行しましたか」、腰に違和感があるときは「特別なトレーニングをしましたか」、右腹部が腫《は》れていたら「ストレスはどうですか」

などとお聞きして、その理由をご説明すると、納得いただけます。

欧米のお客様はストレスがあると、それを前面に主張する方が多くわかりやすいのですが、日本では「それほどでもないんですが……」と控えめな表現で言う方が多いように思います。

不調や不快感をはっきりと言葉で押し出していただくと、私の役割も明確になりますが、一方で、そうでない場合は、とにかくホールケア（感覚と肉体を両方満足いただく）を心がけています。身体に触れると言葉がなくても、なんとなくどこが疲れているのか理解できるときも多くあり、そこからずいぶん勉強させていただきましたし、今もそれは続いています。

私の仕事は、つねに期待を超えていかなければいけないので、完成というものはありません。

セレブリティには、自己評価（セルフエスティーム）が高い人が多いように思います。それはもちろんすばらしいことですが、自己評価が高くても、疲れたり、悩んだりすることがないわけではありません。逆に、自己評価が高いぶん、かえって小さな失敗や不調がダメージになることがあります。

セルフコンパッションという言葉をご存知ですか？
「あるがままの自分を受け入れ、自分を優しく思いやること」。
自己評価が高い人は、一見受け入れることが上手なように思えるかもしれませんが、**ネガティブな自分を認めたがらず、自分に優しくする、かわいがることが苦手な方も多い**のです。

自己評価が高いために、自分はこうあるべきなんだと、自分の理想を主張するばかりになりがちです。

自分に優しくするのが苦手な人は、**「私のコリは他の方と比べてどうでしょうか」**と誰かと比較することも多いと感じます。

共通しているのは、ある種の承認欲求でしょうか。

これはSNSの話にも通じるのですが、コリや疲れを他人と比べたり、逆に認めてもらっても、何の解決にもなりません。

承認欲求とは、きわめて不安定で生産性のないものであることが多いと私は思います。周囲とどうこうではなく自分の感覚を第一に、他人との比較ではなく自分の中で考えたほうがいいと思います。私もお客様には、その方にまずどれだけ自分が頑張ってきたか、ご自身で感じていただく。

ありのままの自分を受け入れ、慈《いつく》しみ、かわいがることができるかどうかが、そのポイントになってきます。

自分らしさ
Personality

33 「今日の私はどう?」と優しく自分に問いかける

多くの成功者の方にお目にかかる中で、あるがままの自分を受け入れ、それが人のため、人の長所を伸ばすため、という気持ちにつなげられる人はビジネスでも成功しているように思います。

それは、自分の環境を受け入れ、そこで生きる自分を受け入れて、どうふるまうかを考えているからではないでしょうか。

身体でいえば、疲れた自分を受け入れて、分析してみる。

身体は正直ですから、案外、不調の原因は決まっています。それを改善するのが、まずは自分に優しくすることです。

夜遅く何か食べて不調なら、食べなければいい。
人と会うと疲れるなら、会う機会を減らす。
それを実行するには工夫が必要ですが、案外シンプルなものです。

ただし、運動で疲れたというのは、別に考えてください。もちろん、身体の特定の部分を使いすぎるようなスポーツなどは別ですが、トレーニングのような運動はメンタルの疲れを相殺する力があると思います。

運動生理学では、「積極的休養」という言葉もあります。

疲労を、ただじっと身体を休めることで回復を待つのではなく、身体を動かすことで回復を早めよう、というものです。

ライフハックをし、分析して改善を目指す一方で、ふっとスイッチをオフにする技を身につけると、ストレスの軽減や気分の切り替えに有効です。

分析というのは意識的なものです。ここでいうオフとは、何もしない自分にフォーカスする時間を作ること。ネットも見ない、かといってメディテーション（瞑想）のように意識的でもない。

自分で自分を撮り、「今日の私はどうかな？」と自分の身体と心に話しかけてみる。

後ろ姿を撮るのもいいでしょう。

力を抜き、お茶でもコーヒーでもゆっくりと飲みながら、集中ではなく緩めること。

リラックスしてほっとする時間と言えばいいでしょうか。

忙しく何かをする、時間に追われることがほとんどの毎日の中に、ささやかだけど違う時間を作り出すようにする。そうすることでエネルギーがチャージされるのを感じるでしょう。

私は、紅茶を茶葉から淹れて、ゆっくりと飲むこともあります。

そんなとき、花一輪を何となく眺めたり、外の風景を頭で考えず、ただ網膜に映し出すイメージで。アナログなもの、ナチュラルなものを眺めながら、今の自分も眺めてみる。

外からのデジタルで社会的な情報を遮断、隔離する時間を作ることで、私はイライラすることが確実に減りました。何が大事なのかが感じられてきます。ああ、今、私は免疫を大事にしたいんだな、とか。

ゆったりと自分に問いかけることで、「こうなりたい」「こう変わりたい」という自分が求めていることも見えてきます。

他者と比較したり、他者に認めてもらいたい、とかではなく、あくまで今の状態が、自分の認識している「普通の自分」「なりたい自分」とどう違っているかを比較したほうがいいのです。

そのためには、ペンでノートに書いたり、スマートフォンで録音して変換アプリで文字にするのもいいでしょう。自分の元気なときにすること、できることを書き出してみるのも、今の自分を感じる助けになります。

ジムでの運動や瞑想は無心になれてリラックスできるという方もいらっしゃいます

が、私はどちらもある意味、自分を追い込むようなところがあると感じています。逆にトレーニングや瞑想の後ほど緊張を脱する「抜けた」時間を作れるのではないか。だからこそ両方の時間が必要だと思います。

私の仕事で、少しはお手伝いができると感じることに関して言えば、セルフエスティームが低く、「私は頑張っているのにうまくいかない」とか、「人のことを受け入れられない」という方へのケアでしょうか。

人間は揺れ動くものですから、つねにどちらかの気持ちでいるとは限りませんが、自分に対してネガティブな視点を持ちがちなことはわかります。そういう方は心身ともに緊張してはりつめています。だから、自分の身体に向き合い、慈しむことができるように、身体と心がリラックスできるようなケアをしようと心がけています。

リラックスした感覚を記憶していただければ、ひとりのときも、それに近づき、自分なりの解放の仕方を習得する助けになるでしょう。

34 チェックリストで、自分を優しく律する

自分を受け入れ、優しくするために私がやっていることをご紹介しましょう。

スマートフォンのアプリに毎日のチェックアプリがあります。エクササイズ、とかダイエット、健康とか倹約（笑）などカテゴリー分けして、その中に具体的なチェックリストを作って、それぞれ実行したことをチェック、自分に問いかける機会を作るのです。

たとえば「モーニング」というカテゴリーには、

□ベッドメイク・掃除
□日英ニュース
□ホームエクササイズ
□料理（お弁当）
□セルフマッサージ

などの項目があり、気に入ったビジュアルを付けて、自分の気持ちが動きやすいようにしています。

ルーティンをこなしながら自分を受け入れ、今の自分の状態を感じます。

カギを忘れやすい人が、玄関にカギを置く習慣をつけるように、知らないうちに、いかに気持ちよくやるかが、ポイントになるのです。

35 カップルでさまざまな感覚を共有する

突然ですが、愛する相手とふたりで感覚を共有すると気持ちが近くなりますね。たとえ危機的状況でも、つり橋効果といいますか、距離がぐっと近づくのと似ているかもしれません。

一緒に料理をする、旅行をする、美術鑑賞をする、スーパーに行く、洗い物をするでもいいのです。

ただし、ただ一緒に行動する、同じ場にいるだけでなく、コミュニケーションをとる、たとえ言葉でなくとも、スキンコミュニケーションでも、アイコンタクトでもいいと思います。

長く一緒にいると、どうしても惰性になりやすいので、ゲーム感覚を取り入れてみるのもいいでしょう。

あるイギリスのお客様のご夫婦は、1日、実利的な用事は入れず、テーマを決めてデートをするようにしているそうです。

「オリエンタル・デー」としたある日、美術館に浮世絵の展覧会を観に行き、その後、寿司を食べ、夜はオリエンタルなアロマを入れたバスタイムを過ごしたそう。合間に感想を言い合ったり、お互いの東洋に関する知識や経験を話したり、オリエンタル縛りの言葉遊びをしたりなど、普段とは違うコミュニケーションを楽しんでいるそうです。

この人はこんな反応をするんだ、こんな感想を持つんだ、と新鮮な驚きがあるとか。ほかにも「スパ・デー」、「ギーグ（オタク）・デー」などで楽しむとのこと。

聞いているだけで興味が湧いてきませんか？

日常では感じることのない設定を決めて、ふたりでトライすることで、これまでの自分の感覚、そしてカップルの感覚の境界線を楽しく超えることができるのです。

感覚がリフレッシュされ、受容の幅が広がります。
他者を受け入れないと、自分の受容の器は大きく広がりません。
他者を受け入れること、そして自分を受け入れること、どちらも大切です。
縦糸と横糸のようにバランスよく受容していくことが必須です。

36 カップルだけど、「戦友」の意識を持つ

カップルにはふたりで楽しむことが大切ですが、カップルという単位で社会に対し、あるときはともに戦うこともあります。

成功しているご夫婦を見ていて気づくのは、どなたにも覚悟があるということ。

たとえば、玉の輿にのった方が話してくださったのは、もうその後の人生はそれにふさわしい自分に変えないといけない。スーパーの安売りの割引率のウキウキ感はもう味わえないかも。今までのままではいられない、という覚悟ですね。

いつも人に囲まれ、見られ、きちんとふるまうことを要求される。追いつめられたような気持ちになることもあるようです。

ストレスで追い詰められたときに、どう対処するか。

ひとりでなくてはできないこともあります。ふたりで対処したほうが効果的なこともあります。

大切なのは、何度も述べていますが、自分の普通を知っておくこと。

心地いい自分の普通の状態をより具体的に知っておくことだと思います。

そしてカップルである相手のことも理解しておきたいものです。こんな表情のとき、彼女はストレスが限界だ、とか、こんな歩き方のときに彼は何かに悩んでいるとか、ベンチマークとも言える、感覚や感情の状態の普通を把握《はあく》しておく。そうしないと、ストレスがたまったときに際限なく落ち、相手のSOSを感じることもできません。

ふたりで感覚を共有するというのは楽しいことばかりではありません。ネガティブな状態を明るい観察眼で乗り越えることこそ、カップルでいることの醍醐味《だいごみ》ではないでしょうか。

37 カップルを前提に自分を確立する

自分のスタンダードを考えるとき、「ヨーロッパは記述式、日本はマークシート式の発想をする」とおっしゃるお客様がいました。

ヨーロッパの高学歴の方に多いのですが、論理的に考え、相手も自分も説得しようとする、それがすべてにおいてつながっていて、ときに口うるさく聞こえる。

一方、マークシート式はある意味TO DOリストに似ています。人生の問いにYESかNOで答える。

それはときに言い訳にもなり自分を防御することにもなります。1つの論理で構築された自分は、相手を見失いやすく、主観的になりやすいため、すべてが流動的な時代の動きには対処しにくいのです。

そのため、自分と異なる価値観を持つパートナーがいると、衝突することもあるけれど、確実に人生の幅が広がる、とその方は言います。

当然、セレブリティのカップルは、自分たちの発信力、影響力を自覚していますから、インスタグラム1つとっても重要視し、コストをかけています。

写真1つ、コメント1つにもトータルな自分たちのイメージを維持するために気を遣っているのです。カップルや家族の写真をアップするときは誕生日やアニバーサリーが多いですが、一般人である私たちが参考にするとしたら、セレブリティのインスタグラムにならい、節目は一緒にお祝いする大切さを知る、なりたいカップルや方向性がわかってくるということでしょうか。

ある大きな複合企業のオーナーは、インスタグラムの肩書きにビリオネアと書いています。非難ややっかみがあることをわかったうえでの自負心から来るものだと思います。

カップルの話の前に、自分のスタンダードの感覚をいかに知るかのお話をしました。

それがないとカップルでの感覚の共有もないからです。

かたやいくつもの企業を束ねる実業家、かたや世界で活躍するアーティスト、というご夫婦がいらっしゃいます。

ふたりともとても忙しく、世界中を飛び回っていますが、ふたりで共有しているのが「2週間以上離れない」という感覚だそうです。

これには経済的にも時間的にも非常にコストがかかると思います。でもそれが必要だという点で、ふたりは一致しているのです。


欧米はカップル文化と言います。今はだいぶ変わって、ひとりでも動きやすくなっていますが、それでもカップルは自分たちの関係のために何が大切かをつねに意識しています。ふたりでいることが絆。ハグなどで表される文化もふまえ、日本では普通の「単身赴任」というものが欧米では理解されないと言われるのは、そのあたりに理由があるのではないでしょうか。

38 ふたりの皮膚感覚を大事にする

ある60代のイギリスの方が、**「夜、鏡の前で、パートナーとふたりで歯磨きをすると愛情が深くなる気がする」**とおっしゃっていました。

こういう感覚を共有することが大切だと思います。

また、一方で歳を重ねることで変わってくるものがあります。

多くのマダムがそう言っていますが、**歳をとると男性の日常の生活音が大きくなる**そうです。咳、咳払い、うがいの音、電話の話し声、ドアの開け閉め、机の上にものを置く音など、いろいろな音が耳障りに聞こえてくるとか。

筋力の衰えや耳の状態などによるものだと思いますが、それを許容できるかどうかは大事だとおっしゃる方は多いです。

年齢を重ねると皮膚感覚が鈍くなってくるのは当然ですが、それを自覚していないと、これまでの感覚との差がパートナーに違和感を与え、関係性に影響を与えるかもしれません。セックスのときの皮膚感覚にはそれがはっきり出るとおっしゃる方もいます。

ヨーロッパの社交界でいっとき話題になった、ある歳の離れたご夫婦のお宅にうかがったときのことです。

私は施術の際、顔の下に敷くため、いつもオーガニックコットンのタオルを持参していますが、彼女は「夫の顔にはシルクでないと」と、いつもきちんと用意されています。仕事でも成功を収めた女性ですが、細かな気配りはさすがだと思いました。ただ従順なだけでなく、時に私たちの前でも議論を交わし、きちんとご自身を主張する方です。

彼のほうもそれを認めているのでしょう。

彼女の親族や故郷の友人を家に招待するのに、プライベートジェットを用意してくれた、と嬉しそうにおっしゃっていました。何より、それで彼女が喜ぶことをわかっていらっしゃるのだと思います。

欧米のセレブリティで「ゴールドディッガー」という言葉を聞きますが、いわゆる玉の輿にのる女性のことを指します。

今あげた彼は30近く歳上のビリオネアですから、言い方によっては、彼女は「ゴールドディッガー」かもしれませんが、仕事で優れた結果を残した女性ですから、若くてきれいなだけの人ではありません。

日本では男性が喜ぶ「サシスセソ」というのがあるそうですね。

さすが、知らなかった、すごいですね、センスいい、そうだったんですねの5つ。

いわゆる、あいづちです。

男性は自分の話したことにこう反応されると嬉しい……んだそうです。よく言われるように、歳をとると自分の話しかしない男性がいますが、そういう方にはいいかもしれませんが、これでは感覚を共有できているか疑問です。

あいづちは大切ですが、もっと大切なのはその後に続く話題。それがないと、目の前で起きることに、ともに感動できるか、というカップルの感覚の共有ということに関しては、あまり効果的ではないと感じます。

もちろん「聞く力」は大事ですが、カップルに必要な「共鳴できる」「共感したい」という感覚を共有するためには、やはり自分のスタンダードをしっかりと持って、それを表現することが不可欠。自分を抑えて相手に合わせるだけでは、本当の意味での共有はできないままだと思います。

一方で自分のスタンダードをしっかり持っている女性が陥りやすいのが「あなたの知らなかった感覚を与えてあげる」という押し付けです。自分の好きな香り、味覚、ビジュアルなどを「知らなかったでしょう」とつねに提示してしまう。

好きな香りが一緒だったらいいなと思うのは当然ですが、相手が気に入るかどうかは別問題です。最初は新鮮でも、そのまま押し付けるスタイルを貫き続けていると、やがて関係の破滅につながるのでは。それで失敗したカップルの話も聞きます。

39 少しだけ息抜き、手抜きの場を持つ

先に、セレブリティと結婚するには覚悟がいる、と言いました。

使用人の差配、毎回趣向の異なるパーティ、慈善活動などなど。すべて完璧な対処が望まれます。その他に自分の仕事があれば、ものすごいエネルギーが必要です。

でもすべてに完璧なのは疲れます。あるマダムは、

「疲労は、部屋が少しずつ乱雑になっていくことで意識できる」

とおっしゃっていました。もちろん使用人が掃除をするのですが、自分が使ったものを戻す位置や、通常ならすぐに片づくものが翌朝まで置きっぱなしになっている、など。

また、「自分がそのとき選ぶ花の色でわかる」という方もいらっしゃいました。

基本はシンプルな色の組み合わせが好きなある方は、元気なときには赤やピンクの花が少し増え、疲れていると白と緑だけになるそうです。無意識のうちにタグ付をしているんですね。


そういうセレブの方のプライベートなお部屋を見ることができるのも私の仕事の特権かもしれませんが、そこで1つ気づいたことがあります。

それに気づくと、みなさん少し照れたような笑顔をされるのですが、スリッパや靴下、キャビネットの中に、**センスのいい部屋にはそぐわない、失礼な言い方をすれば「ダサい」ものがほんの少し混ざっている——。**

もしかしたら、幼い頃に使っていた何かと似たものかもしれませんし、そのものかもしれません。ボロボロだったり、色が褪《あ》せていたりするものもあります。

ご主人が出張などで家にいないときは、いつものシルクのパジャマではなく、ボロボロのスウェットを着る方もいらっしゃいます。完璧の追求を、どこかで息抜きする術《すべ》を持っていることも大事だと実感します。

それと同時に残すものには**自分が一息つけるもの、戻っていけるもの**をきちんと意識して、大切にするのも、大事なのだと思います。

セレブとは違いますが、私たちも、緊張と多忙の日々を送っています。やはり必要なのは息抜きです。

英語ではこれを「レジー・デー（Lazy day）」「チート・デー（Cheat day）」と言いますが、疲れたら、そんなふうに丸1日をゆだねてみることをおすすめします。

真面目な人ほど、「少し休んだから頑張らないと！」と思いがちです。

しかし、たとえば……。

- □1日ベッドから出ない。
- □歯も磨かない。
- □10時間以上寝る！
- □デリバリーのピザやジャンクなものだけを食べる。

そんな日があると、日々の緊張が断ち切れて、とても楽になります。

一方で、毎週末や平日でも、継続してそういう暮らしになりがちな人は、別のアプローチを。

逆に1日少し頑張る日を作る。部屋中掃除するのは大変なので、バスだけ、トイレだけ、キッチンだけ、などと場所を限定して、いらないものを捨てることに注力するなど、やってみればかなりの爽快感、充実感が得られます。

息抜きしたい人にも、少し頑張りたい人にも、お伝えしておきたいのが、ネットにつながらない、デバイスに触れない、テレビをつけない（マンガも）ことです。これらを始めると、どちらもうまく行きません。どうぞご注意を。

仕事でも「息抜き」は必要です。

- □対面のミーティングを入れない。
- □その日デッドラインのある仕事を入れない。

☐半日ワークにする。
☐ランチを少し長くする。
☐ハッピーアワー（早い時間からアルコールを飲む）を作る。
☐人にこちらから連絡をしない日を作る。

などです。
ある程度、自分で裁量がある人でないと難しいかもしれませんが、工夫次第で思わぬリラックスを得ることができるはずです。

クリエイティブ
Creative

40 SNSで無自覚に嘘をつかない意志を持つ

インスタグラムが、自分を知るうえで、そして自分の行くべき方向性を見つけるのに役に立つと述べましたが、それは逆に言えば、無自覚に垂れ流したり、願望のために嘘をつくようなものをアップしていると、思わぬところでしっぺ返しを食らう、ということでもあります。

SNSの写真を撮るためだけの生活、虚像をつくり、実体のないものに振り回されるような生活は、何も生みだしません。**セレブでさえ、インスタグラムは「魔法をかけた夢の世界」と言うくらい**ですから、危険も伴うと思っていないと中毒のようになってしまいます。

一方で、使い方によっては、自分のセンスを磨く武器にもなります。

目に入るものはとても重要です。脳が取捨選択はしていますが、**無意識に見ている情報量は大変なものがあります。**そこに自分にとって好ましくないものが多ければそれがストレスになるのではないでしょうか。

「インテリア」で検索し、しばらく見ていると、自分にとって心地よいものとそうでないものが見えてきます。

私がかつて仕事をしていたロンドンの会員制クラブのインテリアは、過剰な装飾もなくシンプルで高級感があって、とても気に入っていました。

今、自分の名前のトリートメントコースを持っている五つ星ホテル、レーンズボローのスパの内装もすばらしい。総大理石でクラシック、オーガニックな香りとともに非日常が味わえます。どちらも心地いいし、そこにいると自分の理想的な空間にいる、と自分を鼓舞《こぶ》できます。

これは一例にすぎませんが、自分の中の心地よさのスタンダードを知っておくことで、自分の感覚が具体的にわかってきます。それを繰り返すことで自分のセールスポイント、足りない部分がわかります。

そうして自分が行き着きたいところが見えてくるのだと思います。

また、SNSのソーシャルなリスクも心得ておかなければなりません。炎上しないから大丈夫、というものではありません。自分の感性を大事にした仕事をしていこうと思う人は注意が必要です。

とあるエグゼクティブの男性に聞いた話ですが、洋服のセンスがとてもいい女性と知り合ったけれど、インスタグラムに出てくるインテリアがファンシーだったので、それ以上の関係を進めるのをやめたとか、知人の紹介で会った男性からフェイスブックで友達申請が来たが、彼の友達を見てみたら、自分の苦手な人が何人かいたので、申請を受けなかったとか。

SNSは、新たな出会いを生むと同時に、このようにコミュニケーションの可能性を狭めてしまうこともあるのです。

SNSで成功しているクロエ、本物のセレブである彼女は、そこも計算しています。

昨日の投稿は素顔めいたものを出して共感を得る、次の日の投稿では仕事の裏側のようなものを見せるなど、それぞれの効果的な「魔法」を考えているのです。彼女は自分のことをプロデューサーとして見ているそう。

一般人である私たちも、それぞれの投稿の意味をいろいろな角度から見るようにすることで判断の感覚が磨かれると思います。

クリエイティブ
Creative

41

クリエイティブなセンスを身につける

ある方のお宅にうかがったときのこと。エントランスだけでホテルかと思うようなお屋敷で、案内されたのはまさにホテルのスパ。聞くところによると、ご自宅に美容院の設備もあるとか。

中に足を踏み入れて驚いたのは、ボディとフェイシャルのプロダクト（製品）がすべてそろっていること。しかもプロフェッショナルが使う、質の高いブランドのものばかり。

そのときは複数の親戚を招待されていたのですが、マダムはそれぞれの方に個別のマッサージオイルを指定します。

ある女性には心と身体をポジティブにするインナーストレングスのオイル、ある若い女性には活性化するエナジャイズなど、説明しながらセレクトされました。

それだけの知識をお持ちであることも驚きですが、それぞれの方の出自はすでにご存知であるのはもちろんですが、**今の状況を瞬時に把握し、オイルをセレクトするのは、相手にとっても特別なこと。**とてもクリエイティブだと思い、感動しました。また、それがぴったりのセレクトだったのですから。

あとでうかがうと、家族で使う石鹸やオイルなどもすべてマダムが細心の注意で選び、状況によって変えているそうです。それは、マダムがご自身だけでなく、家族の「普通」もよく把握されていることの証左だと思います。

いろいろなお宅にうかがうと、メインホールには、ピカソ、シャガール、ルノアール、モネの絵（本物）や現代アートがかけられていることも多くあります。最近のアーティストではダミアン・ハーストの作品が貴族の私邸に展示、それが公開されて話題になりました。

セレブリティはアートへの関心と造詣が深い方が多いのですが、単にすでに評価の高いアーティストの作品を購入するだけではなく、まだ評価の定まらないアーティストの応援を同時に行われている方もたくさんいます。

16世紀は王侯貴族がパトロンになって音楽家や画家を支援してきました。

現在では、企業家がその役をになっています。スイスのArt Basel（アート・バーゼル）や世界各地で開催されるBiennale（ビエンナーレ）、ロンドンだとFRIEZE（フリーズ）などのアートフェスティバルも企業の援助なしには成立しません。

カップルの話で言えば、絵を選ぶときに、お互いの感覚がわかると思いませんか？家に飾るのですから、生理的に受けつけないものは論外ですが、できるだけふたりで感覚が共有できる絵を選ばなければと思うと、カップルにとってアートに対する嗜好は自分のスタンダードと強く結びついていることがわかります。

もう1つ、企業活動ではないのにクリエイティブなセンスが要求されるのが慈善事業。お客様で職業欄に「フィロンソロフィスト＝慈善家」と記入される方がいます。

もちろん功成り名を遂げて大きな財産をお持ちなのでしょうが、ノブレス・オブリージュの伝統があるヨーロッパならではのことだと思います。**どのような活動にどのくらいのお金を出すか、そしてその効果まで自分で判断しなければなりません。**アートの購入や慈善活動では、クリエイティブな能力を要求されますし、それが鍛えられる場でもあると思います。

私たちのように、普通に街を歩いているからこそできるいろいろな発見とは異なりますが、生かすかどうかはやはり自分しだいというところに立ち返らなければなりません。漫然と過ごしていては、感覚を磨くことはできないのは確かです。美術館に行く。少し背伸びして輸入家具店のディスプレイをチェックする。普段とは視点が変わるような場に自分をおく機会を持つことが必要なのです。

第5章

ビジネス感覚をシャープにする

——出会いと「ボンディング＝絆」を極める

42 成功者は、「小さな出会い」を強い絆にする

ビジネスで成功されている方に話をうかがうと、**成功したプロジェクトのきっかけは机上で考えたものではなく、意外な場所での出会いだったり、些細なことから生まれた発想だったりすることが多い**そうです。

ビジネスミーティングではなく、飛行機の中や、エキジビションのガラやチャリティのパーティ、趣味の集まりなど、仕事とは関係のない社交や移動の時間など。

ある方は、アポイントのある出会い以外をとても大切にしているとおっしゃっていました。

新しい人との出会いは大切ですが、パーティや社交が苦手という人もいるでしょう。

私もそのひとりですが、**人間関係の「ハブ」になっている人を頼りにしなさい**と起業家のエミリアに言われてから意識しています。

そういう方は人と人を結びつけるのが得意なので、お誘いにはできるだけ応じるようにしています。求める力、そこへ向かう脚力のようなものはいつも意識しています。

もちろん、どんな人と出会いたいかも、それとなく伝えておいたほうがいいでしょう。そのほうが「ハブ」になってくださる方も紹介しやすいと思います。私の経験でも、ご紹介いただいた人の知人、関係者まで関係が伸びて、意外な出会いやチャンスにつながったこともありました。

ご紹介いただくときの気持ちは、まさに一期一会《いちごいちえ》、そしてその後もそれは同じ、と思うようにしています。**信頼は失うのは一瞬です。**

また、紹介していただく「ハブ」の方には、こちらができること、私なら美容健康の情報や、その関連の人や場所などを伝え、相手が知り合いたい方を紹介するなど、先方が必要としていたり、興味を持っていることでお返しすることも大切だと思います。

対面での出会いの話をしていますが、イギリスでWEBデザイナーをしている友人は、かなり前から出会いも打ち合わせも、仕事もほぼオンラインで、恋人もオンラインで見つけて現在は同棲中です。新しい仕事の依頼も、プレゼンテーションもオンラインとのことです。「ロックダウンでもあまり変わらない」と笑います。

待っているだけではなく、自分の得意な分野で出会いを作っているのですから、コロナ時代においても成功するための姿勢は同じだと思います。

意外な出会いで大きなチャンスが生まれた方もいます。

イギリスで立ち上げた事業が快進撃を続けていた女性ですが、やがて停滞状態になり、資金繰りが厳しくなってきた頃のこと。

彼女は園芸が趣味で、庭でバラを育てるのを何より大切にしていました。私も庭に招かれたことがありますが、広くて自分だけでは手が回らず、プロの方に手伝ってもらっているとのことでした。

あるとき、その庭師とバラの世話をしながら、事業が厳しいことをぽろりと漏らしてしまったそうです。仕事の話など滅多にしないそうですが。

彼は黙って聞いていたようですが、次に来たときに会ってほしい人がいる、と言います。同じように手伝っているバラの庭園の持ち主とのこと。

後日、その方を訪ねると、彼が言うには、庭師とバラの手入れの話から雑談になり、その中で名前は出さずに彼女のことを少し話したそうです。その方は、庭師から彼女の丁寧な世話の様子と庭師との接し方や、庭師の来ない日でも自分の手で虫をとっているなどの話を聞いて、彼女を信用できる、会ってみたくなったと言い、やがて資金の提供を申し出たそうです。もちろん、事前にある程度は調べたのでしょう。

彼女は大変助かり、事業は持ち直しました。庭師にお礼を言うと、「それがあなたの人格ですよ」と言って静かに笑い、お礼をすると言う彼女に固辞したとか。


彼女は、立ち上げ時に事業が急成長したため、勢いに任せてルーズになったことを反省し、バラの虫を丹念に取るように仕事をすることを思い出し、**事業が危うくなったときにバラの世話をすることで無になれた、それが今の自分の基礎になっている、**と話してくれました。

出会いを絆にするには、誠実な努力が必要です。ものごとを1つひとつ丁寧に扱い、庭師をプロフェッショナルとして尊敬しお付き合いしてきたからこそつながった縁だったのでしょう。今でもその庭師とは一緒にバラの世話を続けているそうです。

出会いを生かすときに忘れてはならないのが、紹介者を立てることです。

紹介していただいた方に、その関係者とビジネスを始めるとき、事前にひとこと報告してお礼を伝える。本来、欧米ではあまりないようですが、私はこれをしておいて仕事でもトラブルになったこともありませんし、「私に知らせてくれてありがとう」と感謝されることも多いです。

とはいえそんな私を見て「あなた出し抜かれるわよ」とPRのジェニファーに言われたこともありますが。

同じ紹介でも、レストランに行くときなどは、後で感謝の言葉と「とてもおいしかった」という報告でいいと思いますが、やはりきちんとお礼を伝えることは大切だと思うのです。

43 お礼の気持ちは具体的な「ありがとう」で表明する

お礼を言われて嫌な人はいません。人間関係を円滑にするとともに、絆を深めるためには欠かせません。

私の知る成功者の方でも「ありがとう」ときちんと声に出す方は多いです。それも**「○○してくれてありがとう」や「○○をいただいて嬉しかった。ありがとう」など具体的なお礼だとわかるようなもの**です。言われるほうも嬉しいものです。掛け声のようにただ「ありがとう」を連発すると白々しく軽薄に見えてしまいます。

周囲への感謝の気持ちを示すのは大切なので、きちんと、私は何が嬉しいのだろう、何に対してありがたいのだろう、と意識することが必要です。

それは直接の仕事相手や、お世話になっている目上の人だけに対するものではないことも気に留めてほしいと思います。

私の知人で、会社でも地位のある女性が、ある日、帽子とサングラスで出社したときのこと。

エレベーターのボタンのそばに立ったのですが、降りるときに開閉ボタンを押すと、きちんと会釈をして「ありがとうございます」と言う人と、無言で降りる人、それぞれだったそうです。知っている人ばかりではなかったそうですが、後で確認しても、やはりお礼を言った人は、その部署でもきちんと仕事をしていると評価が高かったと。

ドラマのような話ですが、他にも店員さんや公共交通機関の人などへの感謝の気持ちをきちんと伝えることは、すべてに通じるのではないかと思います。

「この前はありがとう」と、ちょっとしたお菓子やお茶にカードをつけてプレゼントをくれる方がいますが、いただくものが毎回違うし、カードに書いてあるメッセージも違う。ほんの少しの違いでも、私のことを見ていてくれることがわかって、一気に心が暖かくなります。

44 決断するときは、自分の「コア」に立ち返る

生きがいは自分の**「コア」**。コアの部分がしっかりしていないと、絆ができて、一見調子がよくても、それを長く持続できません。

出会い、そして絆を育み、多くの人たちとビジネスを軌道にのせるには、自分が思う自分、他人が思う自分、自分がなりたい自分をつねに意識して、確認しておくことが必要です。そうすれば、重要な決定も躊躇《ちゅうちょ》なく行えます。

仕事のインタビューや初顔合わせのミーティングでよく出される質問に「自分のdefinitive point（明確な決め手）は何か？」というものがあります。自分の決断の基準はどこにあるか。**決断したことを過去にさかのぼって分析する**というものです。

そのときの状況、心理など、後になってみれば理解できることも、当時はなかなか判断できなかったとわかることが多いようです。

私の過去の大きな決断は、ロンドンで起業するということ。

今となっては「無我夢中だったなあ」と思います。

決断は、多くのデータや分析を検討して行うものだと思いますが、最後の決定は、そのなかの小さなポイントだな、と思うことがあります。ビジネスでは前例のないこと、オンリーワンのことに挑戦することが成功の前提なので、だれが見ても大丈夫なものにビジネスチャンスはありません。

実業家のマイケルの話をしましょう。

幅広くビジネスをされていますが、ある人気キャラクターの版権を取得できるかもしれない、というチャンスを手にしました。有名なキャラクターではありますが、彼は各国でのそのキャラクターのビジネス状況を調査しました。売りに出されているくらいですから、伸びは鈍化しています。

その中で、ただ日本だけが違う動きをしていたそうです。

彼は、日本でのキャラクターの動向を子細にチェック、そのライツを買うことを決断したそうです。

結果は大成功。日本市場でのビジネスは大幅に伸び、それを基にした世界各国のビジネスも成長に転じたそうです。そのキャラクターをアートにした展覧会、テーマパーク、出版などで、そのキャラクターに新たな魅力を加えたのです。

この話をうかがったとき、彼は言いました。

「時代の潮流を意識することと、巻き込まれることは違うんだよ。このキャラクターの魅力は揺らがない。**時代を分析して読んでもいいが、感じることを忘れないことが大切なんだ**」

感性のコアがしっかりしているからこその言葉だと感銘を受けました。

時代の流れと、自分の調子は違う。だから自分のビジネスに対するコアと大切にしたいものがしっかりしていないと、影響を受けて、自分に合わない決断をしてしまう。

流行《はや》っている、流行りはじめたことをビジネスにしようと考えがちですが、自分の本当にやりたいことなのか、それが本当に好きなのか、自分のコアに触れるものなのかを、自分に立ち返って確認することなのだと思います。

ある素材メーカーの会社を経営する実業家の方は、いろいろなスポーツを楽しんでいらっしゃいます。私が、「ビジネスをどうやってＲＵＮしているんですか？」とうかがったときのこと。自分のビジネスをあるとき、ラフティングにたとえてこうおっしゃいました。

「激しい流れのなかで、自分の姿勢を保ち、次の位置を予測し、体力を維持し、強い流れに乗って、進んでいく。

そんなとき、**自分の調子が悪い、運が悪いとか言っていられないんです**」

会社の激動期はラフティング、成長期はボートにたとえていました。
コックス（オールを持たず、漕ぎ手に指示を出す役）の指示のもと、漕ぎ手がリズムを合わせ、力を合わせて前へ進む。
スピードとパワーが必要です。

ビジネスで成功されている方は、若い頃からいろいろなスポーツに挑戦してきて、今でも何かされている方が多いですね。

体調の維持だけではなく、スポーツのノウハウや感覚を、ビジネスの判断に応用するのです。

自分の体力、テクニックを確認しながら、ゲームの流れを読み、瞬時に判断し、流れに合わせてそれを変化させ、勝利に向かう。チームスポーツなら、味方の状況も考慮しながら作戦を変えていく。本当にビジネスと通じることが多いですね。

45

悪いときこそ、運気が上がるととらえる

ある大富豪の方は、「ここだけの話、ソ連崩壊が大きなチャンスだった」とおっしゃいます。

国が崩壊するという大混乱で、だれもが先が見えず、不安に駆られて、目の前のことだけで精いっぱいのとき、自分が試されていると感じ、乗り越えるチャンスが与えられた、と思ったそうです。この心の持ちようが新しい可能性の追求、そして大成功につながったのだと思います。

ハリウッド俳優の方で、地方から出てきてオーディションを受けまくったけれどすべてダメ。「もう帰ろう」と思って最後に受けたオーディションで合格し、一気にスターへ、という方もいらっしゃいます。

アジア人俳優の方で、不調のときに大きなチャンスをつかんだ方もいます。

彼はハリウッドでの活躍を目標に努力を続け、ハリウッドの超大作のオーディションに合格、移住も考えたときに資金繰りトラブルで製作が頓挫《とんざ》、失意のうちにロンドンで何もしないでいたときに、心配した知人のプレゼントで私のトリートメントを受けにいらっしゃいました。

その3年後、改めてご自分で予約いただいた際に、その後の経過をうかがいました。ロンドンとパリを往復し、自分しかできない強みを作ろうと模索していたときに本国で別企画がもちあがり、参加したところ大ヒット。

大人気ドラマはシリーズ化され、彼の代表作と言われるほどになり、その後の活躍にも大きな効果があったそうです。**あの模索期がなければ、一発屋で終わっていただろう**、と話す笑顔が印象に残っています。

ラグジュアリーブランドのあるディレクターは、「再生屋」と言われています。

彼の口癖は、「悪いときこそチャンス」。

ブランドの浮き沈みは親会社の状況にも大きく左右されますし、時代を作って仕掛けていかなくてはなりません。コロナによる世界的な不況で、ラグジュアリーブランドも路線変更を求められています。

経済は停滞していても、彼にとっては大きなチャンスなのです。Ｅコマース（電子商取引）を通じ、今まで開拓できなかった層からの売り上げが伸び、停滞していた分野のプロダクトの売り上げを急上昇させました。

ある貴族の女性は、旧王族の王子の親友と結婚しましたが、すぐ離婚。現地メディアにあれこれ書かれることにも疲れ、彼女が選んだのが日本、北海道のニセコでスノーボードのインストラクターになることでした。

ニセコは、オーストラリアをはじめ、世界各国から人が集まる場所。英語が通じるため言葉に不自由はありませんし、そこでは彼女を知る人はいませんでした。

スノーボードは得意でも、インストラクターとなると話は別で、最初はかなり苦労したそうです。でも、今まで会ったことのない日本人をはじめ多くの国の人たちと接することで、自分が変わったと実感したそうです。

やがて本国に帰った彼女は、ホスピタリティビジネスを開始、大成功しています。

彼女は、「私は貴族というカテゴリーの中で楽をしていたことに気づいたの。最初はうまくいかなくても、**肩書きなんて関係ない場所で勝負する、という気持ちがないと、新しいビジネスがうまくいくはずはなかったわ**」と話していました。

運、不運は自分の力を超えたところで左右されることがけっこうあります。

「不運だな、というときにこそチャンスはある」と思って、腐らず、自分の力を磨き、確認することが大事だなと思います。

シナジー
Synergy

46

違うジャンルの人に「断片的に」相談する

アメリカの音楽関係の方の邸宅で、6時間連続でトリートメントをしたときのことです。

私のクライアントは、施術中に電話をスピーカーにして話す方が多く、ビジネスの核心に触れる話もぽんぽん出て、知らん顔しつつもすごいと思うことも多いのですが、その方もスピーカーで電話し続けていました。

その方が目指している新ジャンルへの探求法に強い感銘を受けました。具体的な質問をし、関連の情報とコネクションを瞬時に探り、自分の出会いにつなげていく。目の前でそのお手本を見せていただきました。

日本人の大成功されているお客様にも、意識して自分の仕事とは違うジャンルの人と会うようにしている方がいます。

単なるタニマチとかパトロンとかではなく、違うジャンルで成功している人。彼らの話は参考になるし、新しいアイデアも生まれるそうです。

ブレイクスルーは視点を変えることで生まれます。毎日仕事をしていると、どうしても視野が狭くなりがち。違う視点、発想を得るためには、異なるものと接することが必要なのだと思います。

身近な例でいえば、今度行こうと思う旅先の情報がほしいとき、いろいろな角度から情報を集めるようにする。そこにかつて住んでいた人、よくそこに仕事で行く人、最近行ったばかりの人など、異なる前提の人から情報を集めるようにする。

もちろん、その人の感性や行動力などをある程度は評価してこその質問ですが、断片的な情報も集まれば十分な判断材料になります。

子どもの幼稚園を決めるときなども、専業主婦、働いている人、そして以前に子どもを通わせた人、かつて自分が卒園した人、今通わせている人など、いろいろな角度から情報を集めて分析したお客様からお話をうかがったこともあります。

仕事でもそうですが、情報は信頼の証でもあります。リスペクトしていない人に有益な情報は教えません。もちろん情報はつねに玉石混交で、吟味する必要はありますが、だからこそ日頃から周囲と良好な関係を築いておくことが大切なのです。

日頃何気なく挨拶していた人が、次のプロジェクトのキーパーソンだった、という話も聞いたことがあります。周辺での自分の言動を今一度省みてみるのもいいかもしれません。

シナジー
Synergy

47 年下からも花からも吸収する。すべてのことから学ぶ

対人関係から何かを学んだり、何かを得たりするのはよく聞くことだと思いますが、仕事のできる方は、対人間だけでなく、些細なもの——動物や植物との関係もふくめて、絆を大切にしているように思います。

イギリス人のビジネスマンで、花からエネルギーをもらっているとおっしゃる方。

ひどい裏切りにあって大損害を被り、失意に暮れる中で、以前いただいて枯れたようになっていた蘭をはじめ、植物の世話をして過ごしたそうです。やがて美しい花を咲かせた蘭を見て、丁寧に世話をすればこんなに美しく咲くのだと感動し、心身ともに立ち直ったそうです。

「絆」は、無理してまで続けなくてもいいんだ。ひどい裏切りにあわなければ、悪い絆は切れなかった、縁が切れて本当によかった、と気づいたそうです。

自分で手間ひまをかけて育てる、関係性をクリエイトすることで絆は強く、確固としたものになります。言葉の通じない動物や植物と真剣に接することで、その意識を確認されている方もいらっしゃいます。

ある男性の、素敵な「気づき」の話をしましょう。

起業家の彼は創業メンバーと株の売買で真剣に話し合い、部屋でキャンドルの炎を眺めていたそう。突然パートナーがドアを開けて部屋に風が吹き込み、炎が揺らめいて消えそうになったそのとき、思わず手で覆うと、炎は一気に安定を取り戻しました。

「**ろうそくから学べるわね！**　風が吹いても手で防げば炎は消えない。ふたりで協力して覆えばより安定する。ふたりの仲もそうだと思わない？」

彼女はウインクしてさらりと言いました。彼らはその言葉をヒントに、ビジネスの難局を乗り越えたそうです。

ロサンゼルスからロンドンに引っ越した方は、ロンドンの天気が激しく変わることに驚き、気づきました。

「ロスはいつも晴れているから、天気のことを考えることもなかったけど、ここじゃ天気もすぐに変わってしまう。何事も当たり前にそのまま続くことはないんだ、といつも思うようになって、続けるためには何が必要かを考えるきっかけになったよ」

スイスのネット通販ビジネスで成功したお客様は、子どもに気づきを与えてもらったと、おっしゃいます。インターナショナルスクールに通っていたけれど、ある時期お母様の介護で母国に少しの間帰らなければならず、現地の公立学校に通ったお子さんの話です。

新しい学校の音楽の時間に合唱の練習があったそうです。最初は戸惑って、「(自分の好きなように)自由に歌いたいよ」と言っていました。それでも練習は続きます。彼は少しずつ、人に合わせることで大きな力が生まれることを感じます。そして「クラスには僕には出ない高い声が出る子がいるんだよ!」と感激して教えてくれたそうです。そして病気のお母様と一緒に歌い出したところ、お母様の病状もよくなられたそうです。

まわりに合わせること、そしてその効果を体感した彼は、インターナショナルスクールに戻ってからクラスのまとめ役になったそうです。母親である彼女も、自己主張と協調性のバランスの大切さにあたらためて気づかされたと話していました。

自分を取り巻くものや価値観がそのまま続いていく、続いていけるという感覚は、周囲に対する無関心の表れでしかありません。

それでは、小さな変化や何かが起こるきざしを感じ取ることはできません。

五感が鈍っていないか、人間関係だけでない別のものに目を向けてみると、新しい発見や気づきがあるはずです。

そこからいろいろなヒントやチャンスが得られると思います。

48 いつもの仕事に「意外なもの」を組み合わせる

自分の発想力と仕事の組み立てには限界があります。

私は大学で薬学の勉強をし、薬剤師になり、その後東洋医学の研究所で働いていました。そんな私が「マッサージの勉強をする」と言ったとき、周囲はみんな反対しました、畑違いだと。ロンドンでくじけそうなときも、やはり無理だったのかと落ち込みました。

でも、ロンドンのメンターは言ってくれました。

「**人の健康に対応するという意味では同じだ**」と。続けて、「理屈ではつながらないし、簡単にはつながらないことを覚悟しなさい。でも、それがつながったときの充足感は相当なものだと思うわ！」。

別々の引き出しがつながるのは難しいけれど、つながれば1＋1＝2ではない相乗効果（シナジー）が生まれる、ということだったのでしょう。

そのときの私は無我夢中でしたが、今は言葉の意味が実感できます。メンターも第六感で感じたのかもしれません。

ビジネスで言えば、自分にないものを持っていて補完してくれる人とともに仕事をする、ということもあるでしょう。

人気アーティストで、さまざまな分野で大ブレークしたある著名な方もそうですが、自分に足りないものをプラスすること、違うものを加えることが現状を打破、突破するのには必要と説きます。

「ビジネス＝補完」という発想もあります。

自分ひとりでできることは限られているので、異質なものを組み合わせる能力は、成功するための大切な要素だと思います。

それを単なる幸運な出会いがあったから、と思っていてはいけません。セレンディピティはどんな人にも訪れますが、生かせるかどうかはその人次第です。

ビジネスでのセレンディピティは、シナジーと同義と思ってください。些細なことが、プロジェクトの命運を握る重要なピースになるのです。

そして**そのピースを見抜くのは「現場感覚」**です。

ある商業ビルのプロジェクトを進行中の設計事務所の話です。事務職の女性にファイリングがとても上手な人がいました。彼女はスタッフのサポート役でした。

プロジェクト担当者たちは非常に意欲的で発想も斬新、議論が活発に行われ、アイデアも次々に出てきます。

ところが、1つひとつのピースがかみ合わず、やがてプロジェクトは停滞気味に。

この話をしてくれたのはプロジェクトマネージャーですが、彼がしたのは事務職の女性をプロジェクトの中心に据えたことでした。

彼女は最初、とても戸惑っていましたが、やがてその整理力を発揮、スタッフのアイデアを見事にまとめ、わかりやすく提示するようになりました。

発想に先走りがちだったスタッフたちも、ゴールに着地するためにどうすればいいかという具体的な視点を得ることでまとまり始め、プロジェクトは大成功のうちに終わったそうです。

彼女を抜擢したマネージャーは、現場に必要なものが何か、理解していたのです。

いくらいいアイデアがたくさんあっても、それをまとめて着地させるには、実現するためのさまざまな条件や具体的な作業が必要です。

プレゼンや発表だけうまくても、現場に何が必要なのかわかっていなければ、その仕事はどこかで頓挫するか、トラブルになるか、最初とは異なるものになってしまうというリスクが高いのです。

大きなプロジェクトであればあるほど、どんどん外部に仕事を依頼したものの、契約が疎《おろそ》かであとで大きなコストの差が出たり、実際に動くスタッフが不足したり、という話も聞きます。

口で都合がいいことを言っても、自分の利益や都合優先で現場感覚がなく、人と人のつながりやシナジーを大切にしない人は、やがて信用を失います。多くの人や組織がかかわるプロジェクトを成功させる「現場感覚」を磨きましょう。

49 自分が解き放たれる時間をもつ

私のトリートメント中にずっと電話をしている方の話をしましたが、海外のお客様には男女問わず、そういう方はたくさんおられます。スピーカーにしてずっとビジネスのやりとりをされる方も。

スランプのとき、重要な決断をする前に、私の予約をする方もいます。

下りてくる、アイデアが湧く、パワーが充填される、と表現される方もいます。トリートメント中に、急に立ち上がって「○○の解雇を決定します！」と毅然《きぜん》と言われた女性には驚かされましたが。

私のトリートメントだけではありませんが、自分が解き放たれる時間を作ろう、という意識で複数の場と手段を持つことは大事なことだと思います。

惰性は論外ですが、仕事のことばかり考えていると、どうしても息が詰まってしまいます。チートする時間は、少しの工夫で作り出すことができます。

いつもより一駅手前から歩く、花の水を毎日換える。

簡単なようでいて、いざやろうとすると意外とできないことをやってみる。当たり前と思っていたことが案外できないことが多いと気づきます。そんなときには、理屈では考えつかないことがひらめいたりします。

シャワーですますことの多いイギリスの女性は、あえてバスにつかるようにしたら、「解放感がすごい！」と話してくれました。いろいろと新しい発想も浮かんで人生が変わった気がすると。

犬をなでる、就寝前に深い呼吸を意識するでもいいでしょう。ジムでとことん自分を追い込んだあとにリラックスできる、という男性もいました。

オンとオフの切り替えが苦手という人こそ、意識的にそういう時間を作りましょう。

ポイントは、呼吸、姿勢、使う筋肉を切り替えて、いつもとは違う思考や感覚の回路を使うことです。

ルーティンに流れるだけでは脳も思考停止状態になり、現状維持に甘んじてしまいます。インプットを変えることで新たな感覚が生まれ、問題点や新たな発想が出てくるきっかけになると思います。

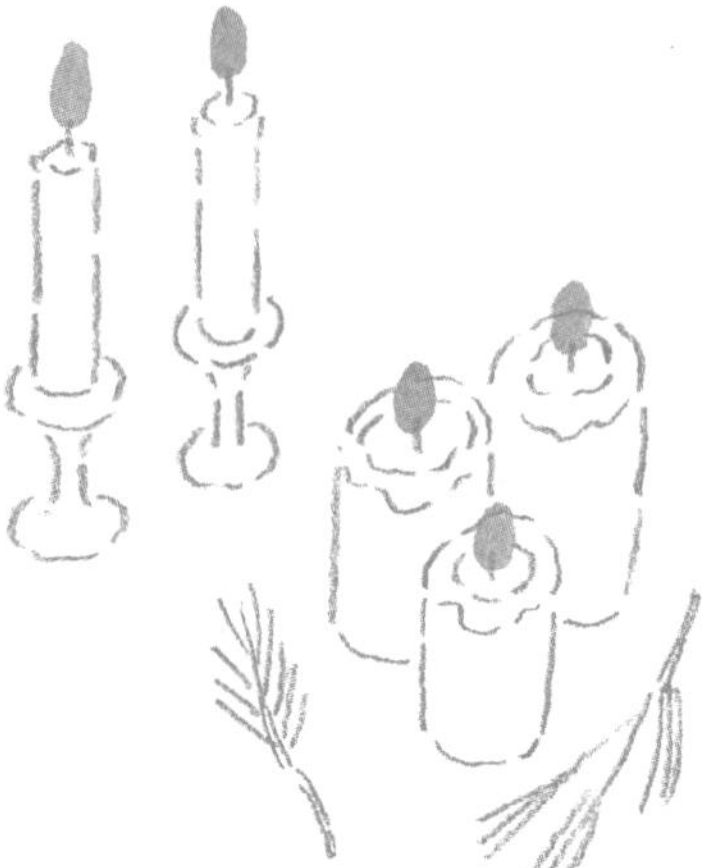

新しい仕事
Transform

50 1つの職業にこだわりすぎない。時にはトランスフォームを

今、私のクライアントには、いくつもの仕事を持っている方が増えている印象です。
イギリスで、ボタニカルアートでスタートして、ピラティスのトレーナー、夜はDJという女性もいますし、エンジニアであり投資家という方もいます。

一見脈絡なくやっているようにも見えますが、自分の中では融合して1つの職能になっているようです。

ロンドンの大学でアートを学び、いったんアーティストで生計を立て、その後医学部に入り直し、今では売れっ子の美容整形医になっている方もいます。
南アフリカ出身のある女性は、お会いしたときは理学療法士でしたが、その後、ア

ートの世界に飛び込み、画廊などを経営、パートナーが膝の痛みに苦しんでいるのを見てから人工関節ビジネスをはじめました。その美しいフォルム（形状）が話題にもなり、大きな成功を収めています。

いずれも「私にはこの仕事」という思い込みにとらわれず、自分のそのときの実感を大切にして、できることをしていった結果です。

みなさんアートを学んで、既成概念を超えた美意識や自らの内面をのぞく、というアーティストの感性をビジネスに生かしているのかもしれません。

コロナ禍で、新たな仕事をせざるを得ないという方もいると思います。歌舞伎の舞台関係の方やフェンシングの日本代表選手がウーバーイーツの配達員をして話題にもなりました。ミシュラン星付きの和食店が、いち早くテイクアウトを始め、タクシーで配達してそこでカードも使える、ということで顧客を増やし、別会社を立ち上げたという話もあります。

一見、壁に見えることでも、その先には大きな草原《サバンナ》が広がっているかもしれない。

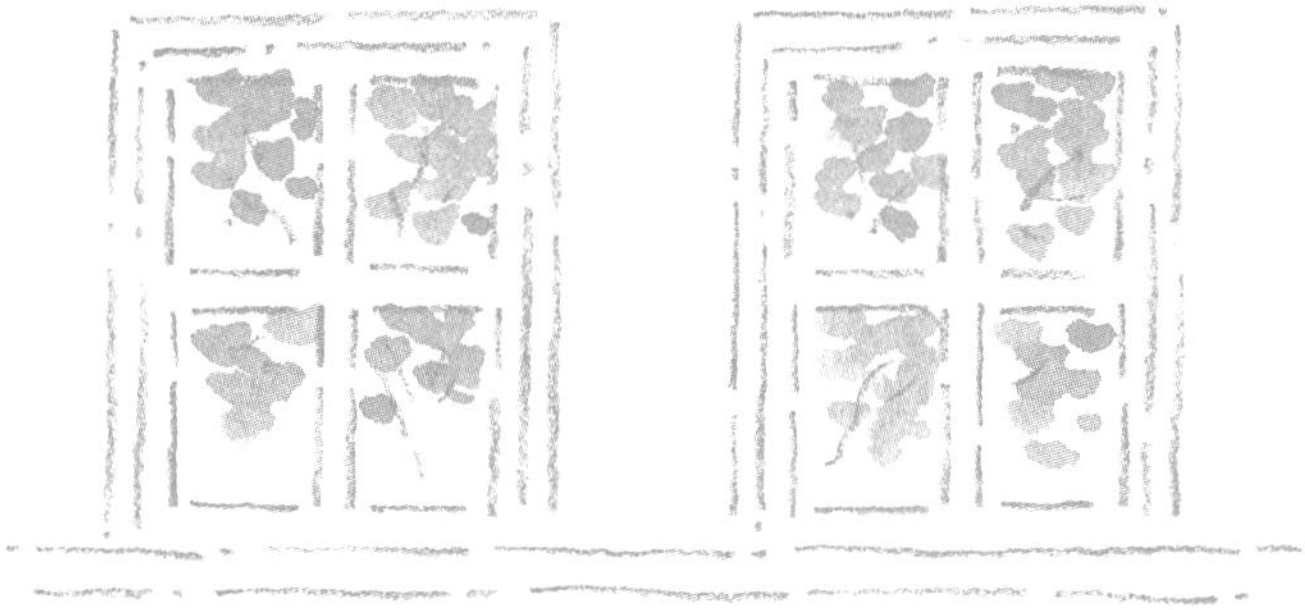

逆境をチャンスにできる人は、下を向かない人です。

「逆風に思えるときこそ、顔を上げていなさい」

かつて私は、前述したロンドンのメンターにそう言われたことがあります。

苦手なことにフタをしないこと。既存のことが苦手なら、打開するためには自分のオリジナルで勝負するしかない。私も、従来教わったマッサージがどうも苦手な感覚がありました。それを乗り越えるためにいろいろ試行錯誤したことが、今のオリジナルでスペシャルなメソッドにつながっていると思います。

舞台出身の俳優で、コメディが苦手という方がいました。彼は、「せっかく依頼があったから」とその仕事に取り組んだのですが、苦手を突き詰めて従来のコメディではない、新しいコメディを作り上げた結果、今では伝説の番組になり、世界中に影響を与えています。

苦手だと思っていることこそ、奇跡を起こす分野かもしれない、と言います。

状況は刻々と変わります。

前を向いて風を感じながら、止まらずに少しずつでも進んでいく。得意、不得意と決めつけず、変わるのを怖れないことが、生き抜くための条件だと思います。

第6章

「予測感覚」レベルを上げる

——心の柔軟性を高める

51 肌から「予測する」感覚を身につける

皮膚と脳は、密接に結びついています。

受精卵が細胞分裂するときに、同じところから分裂することから、**「皮脳同根《ひのうどうこん》」**という言葉もあります。

ストレスや胃腸の不調で肌があれるというのは誰もが経験している感覚でしょう。それは、不調を感じた脳が影響しているのです。

肌に直接触れるマッサージが、ストレスの緩和に効果があると言われているのも、そのためです。

肌は今の自分を映し出すモニター画面と言うこともできます。自覚していないストレスや体調の悪化などを、肌の調子で気づき、改善するための手立てをする――いわば皮膚と脳のコミュニケーションのレベルを上げるということです。

毎日、鏡を見るときに何気なく肌の調子を気にしていると思います。観察力をもう一段アップさせて、生活の状態としっかりリンクさせましょう。

ロンドンのスザンヌは、子育てに深く悩んでいました。

子どものために何ができるのかをいつも考えていっぱいいっぱいで、ストレスを抱え、トリートメント中にそのことをお話しされたのです。

「お嬢さんはあなたのことが好きなんだと思いますよ」

私は言い、家で1日1分でもいいので額《ひたい》をマッサージしてみてください、とアドバイスしました。

彼女はそれを習慣にしました。すると、自分が何をすべきかを考えすぎていたことに気づき、その後、娘さんの小さな変化に気づくようになったそうです。

思春期のお子さんには当然悩みもあったのでしょう。娘さんへの声かけも、「暗いわね、大丈夫なの？」ではなく、

「静かね。落ち着いてるの？」というふうに。

こちらの心配を押し付けるようなネガティブな表現をしなくなったそうです。

3年後、お嬢さんの留学先に出かけた彼女は、ディナーで過去の話になったとき、「お母さんはあるときから変わった。バリアがあるように感じていたけど、それがなくなって、私もすごく楽になった」

と言われたそうです。娘の将来を先回りして心配するあまり、あなたはこうするべきよ、そうでないと大変、と言外で発していたのかもしれません。考えすぎて、ピリピリしている母親を彼女も敏感に感じ取っていたのでしょう。

「いつかな。お母さんは、あるときから表情もやわらかくなったわ」

こう言われてとても嬉しかったとのことでした。

彼女は、トリートメントで頭をマッサージされながら「お嬢さんはあなたのことが好きなんだと思いますよ」と言われたことがとても支えになったとおっしゃいました。

「眉間のしわ」と言うくらい、悩みやストレスは額に表れます。そこをマッサージするだけでも、子育ての危機を乗り越えるきっかけの1つになったのなら大変嬉しいことだと思っています。

ストレスを感じたな、顔が強張っているな、と感じたら、息を大きく吸うことを意識しながら、人差し指と中指で眉間を押さえ、ゆっくり円を描くようにマッサージしてください。

他にも、深く呼吸をしながら、両頬を包むようにする。両手の指をすべて使って頭皮を動かすようにマッサージをするなど、過度の緊張をおぼえたとき、自分なりの対処法を持っておくことが大切です。

ストレスで鈍っていた感覚のレベルを高めることで、未来への「予測感覚」も高まります。

未来への対応の柔軟性とも言い換えられるでしょうか。リラックスして自分や周囲が見えていれば、現状を把握し、リスクも感じることができます。

アクションを起こしやすくなると、感じ方も変わり、相手への感覚も高まる。このようにコミュニケーションの好循環が生まれていくのです。

肌
Skin

52

皮膚で空気をどう読むか、どうつくるか

場の雰囲気を読み取るのは、「皮膚感覚」です。何か目に見える大きな変化がなくても、**「何か違う」という感覚**。

それは、場数を踏み、経験を積むうちに意識する、後でよくよく思い出して検証することで少しずつ磨かれていくものなのかもしれません。

注意力も、その基礎にあるものです。

ある大手企業の経営者の方は、**一見なんの変化もないように見えるけれど危ない会社を見抜くもの**として、

□壊れた備品がそのままにすみに置かれている。
□トイレが雑然としている。
□従業員とすれ違っても、会釈《えしゃく》する人が減った。

とおっしゃっていました。またあるベンチャー起業家は突然倒産した企業は、

□辞める人が少しずつ増える。
□トイレットペーパーの質が悪くなった。
□吹き溜まりのようなデッドスペースがある。

などに違和感があったと話していました、

ネガティブな部分、ほころびた部分をリカバリーする力がない空気が漂う場からは、衰退のベクトルを感じるのでしょう。そして、トイレはその象徴の1つ。働く人、来訪する人が使うものだと、それがよくわかるのかもしれません。

ロンドンの超人気ヘアサロンでは、トイレにとても気を遣い、いつもきれいで清潔。壁紙にピンクのフラミンゴの模様を使い、ハッピーでラッキーな空気感を演出しているそうです。私のサロンでも改装で参考にさせていただきました（笑）。

空気感とともに「間」という言葉があります。「間が悪い」というとタイミングの問題だけではなく、場違いとか、感覚のずれを表すと思います。

あるお店に入って、間が悪い、と感じることもあります。

空間、時間という間がその場にふさわしくない、ということなのでしょう。

あるビジネスマンの方――彼は先を見越した動きに定評のある方なのですが、しゃべるときには何より「間」を重視しているとおっしゃっていました。そのために場を想定した予習もするほどに。

その場の空気を自分に引き寄せることが何より大切だから、同じ内容でも、伝わり方がまったく違うと言います。

伝えたい内容がいいから相手は納得して当然、理解して当然ではないのです。

理屈を超えて、その場の空気感をある意味、支配しないと効果的に進めることはできないのです。

相手がまったく空気を読まない人だと、予想もつかない反応をすることもありますが、その場合は、こちらもあえて空気感を無視して、発信することも必要になります。

もちろん相手へのリスペクトは忘れず、感情的にならず、論理的であることが重要です。

53

「空気を読みすぎない」が未来を変える

空気を読むことは円滑なコミュニケーション、ひいては仕事での成功に結びつく大切な能力ですが、ある起業家の方が意識しているのは「空気を読みすぎないこと」。

特に**世間の空気に巻き込まれると、未来を予測する力が衰える**、と多くの成功者はおっしゃいます。

他者の一歩先を行くには、ロジカルではない「意外な発想」が必要になります。

「時代がこうだから」という発想では、先行することはできません。

今回のような予想もつかない状況になると、理論だけでは対処できないのです。

その方は、まわりに起きる小さなことにヒントがある、とおっしゃいました。

たとえば、ペットショップが同じ通りに二軒にできた、デパート1階の売り場が変わったというようなわかりやすい変化から、長く使ってきた基礎化粧品に違和感を感じた、ドラッグストアのレジ前にミックスナッツが置かれるようになったなど、見たとしても、そこから何かのきざしを感じとることができるかどうかは、心の柔軟性と発想力によるものです。

少し違うかもしれませんが、私の更年期対応について、話させてください。

母が更年期がきつかったので、私は30代の頃、いろいろと対策を練っていました。35歳のプレ更年期は準備もあったのか軽く乗り切れましたが、そのときに気づいたのが、理論と実際は異なる、ということでした。

更年期の医学的知識はあり、ホルモンがどうなっているか、その後どうなるかは予測がつきますが、自分の身体に起きる症状がいつどうなるかは、まったく予想できません。

体質、栄養などは分析できても、その症状は千差万別なので、現実、自分自身に対応できるかというと疑問です。トータルに考え、今後こうなるだろうという予測感覚をさまざまに準備し、対応することが必要だと感じました。

社会の変動、リーマンショックやコロナ禍など、想像を超えること、その後の展開やスピードも見えない場合、世界規模の引っ越し会社オーナーの方は、まわりの小さな出来事に注意深く気を配り、前倒しでいろいろなことを準備しておく、今すぐ役に立たなくても、勉強、調査はしておくこと、それが成功した要因の1つだと言っていました。

出身国がEU加入という大変動をチャンスにして、大富豪になった方の言葉です。

彼は、お子様が病気になったのを機に、そもそも当たり前に自分に与えられていると思っていたものすべてに疑問を持ったそうです。

そのときに貨幣制度や銀行制度について研究、人もふくめた準備（金融制度が変わったときに対応できるスタッフ、国際的なビジネス能力のある弁護士などのサポート体制など）まで考えたきっかけの1つが、今まで当たり前に受容していたもののありがたさと同時に、はかなさを知ったことでした。

結果的に経済的に大成功をされ、お子様はまだ闘病中ですが、病気を通じてチャリティ財団を設立、研究にも支援されています。お金を儲けるのではなく、自分のように子どもの病気に苦しむ誰かの役に立ちたいという思いが、ビジネスを深く大きくしてくれたとおっしゃいます。

また、ある方は、母親の介護をきっかけに介護ビジネスを起業し成功されています。基本は皮膚を触ることによる感覚だった、と言います。毎日触れることで、今後を予測し、準備しておく。毎日作業をこなすようにただ触れるのではなく、肌の調子、息遣いなど、ディテールを日々感じること。食事をするときの咀嚼する音、飲みこむ様子、身体を起こすときの筋肉の力の入り方など。精神的な変化も、話しかけることで読み取るようにする。

人の体調は突然変わるのですが、きざしは少しずつ表れているものです。だからこそ、不意打ちのように訪れる不測の事態にも対応できるのだそうです。極限の状況に追い込まれた状態から生まれたサバイバル感覚とも思います。

予測感覚を磨くということでは、歴史小説を読まれる経営者も多いようです。

大変動でどう対応したか、いい小説はその時代の空気もわかるのだとか。ロールモデルを設定し、注目する。本やネットなどで気になる人の半生記を読むなども考えられます。

私は薬剤師として仕事を始めたとき、上司に、

「電車の中で、対面した人にはどんな処方箋が妥当か考える訓練をしなさい」

と教えられました。体格、肌つや、身に着けているもの、姿勢、身体の動きなどで考える訓練です。実際に窓口で患者さんに処方された薬を渡すときに、名前を見なくても待ちかまえる余裕ができました。外見がふくよかそうに見える僧侶の方が実は細身だったということも。予測と異なることもあり、服装だけに左右されてしまうことも反省材料になりました。

先に、予測感覚はサバイバルの訓練と言いましたが、たとえば交差点に立つとき、一番前やガードレールのないところでスマホを見ている。想像すればどんなに危険な

ことかわかるでしょう。

事故が起こる確率は低いから大丈夫と思われるかもしれませんが、その一度が自分の身に起こったことを想像すれば、行動はおのずから変わってくると思います。

準備とは、そういうことなのです。

54
背負えるキャパシティを広げる「わらしべ長者」

わらしべ長者というおとぎ話があります。

一本のわらしべを交換することで、やがては長者（＝お金持ち）になる、というサクセスストーリーです。一見ラッキーなだけに思われるかもしれませんが、成功するための示唆《しさ》に満ちていると思います。

よほど恵まれた人でないかぎりは、スタートは誰しも小さいところからでしょう。

交換するものを大きくするには、タイミングもありますが、自分が持っているものを的確に評価し、どうすれば必要とされるものになるかを考え、育てておく必要があります。

それが、**「予測感覚」**と言っていいかもしれません。

交換するものは、仕事の対価や地位などさまざま。ぼーっと現状のまま待っていても、何も変化はありません。別の会社に転職する、大きなプロジェクトに参加するにしても、相手が自分の今の力に合ったとみなしたものとしか交換できないのです。

そして交換するものは、一緒に行動してくれる人、助けてくれる人、情報をくれる人などがいることで、よりいっそう大きなものになるのではないでしょうか。

幸運は誰にでも訪れるものだと思います。

それを生かせるかどうかは、それを**「さっとつかむ力」を蓄えているか**によって左右されるのだと思います。


アメリカのお客様から聞いた、とあるサクセスストーリーをご紹介します。

現代版わらしべ長者です。郊外に住んでいるある女性が、友人に手作りクッキーをあげたところ、お礼にヒヨコをもらいました。育てるうちにかわいくなって、数羽飼うようになりました。やがて卵をたくさん産むようになり、とても食べきれなくなって、マヨネーズを作り、友人におすそ分け。マヨネーズ作りにもいろいろ工夫をして、サルサソースを混ぜたものをメキシコ系の友人にあげたところ、とても気に入ってくれたそうです。それがそのまた友人のメキシカンレストラン経営者の元に。そのレストランで、サルサマヨネーズのボトルをテーブルに置くようにしました。

やがて評判になり、口コミでどんどん広まり、寿司ロールにも使われたりと、今は全米でも超有名な調味料になったそうです。


さて、これはラッキーなことでしょうか。

違います。


クッキーを焼く人はいくらでもいるでしょうが、それを広げていく能動性と工夫がなければ、単なる親切な隣人で終わっていたと思います。

つねにオープンマインドで、周囲と真摯に向き合う、目の前の人を大切にすることで、次々と新たなステップを超えられたのです。

ちなみにその方は、今でも、最初に自分のところにきたヒヨコに対する感謝の心で、チキンは食べないそうです。

55 眉間には、脳の活動力やストレスが表れる

サロンにいらっしゃるビジネスマンは、つねに頭をフル回転させているので、夜も頭が冴えたままでなかなか眠れない、とおっしゃる方が多くいらっしゃいます。

私の経験上、そういう方は眉間がかたく、赤くなっていることがよくあります。

眉間には神経が集まっているので、特に現状が流動的で試行錯誤しているときに、そうなることが多いようです。

最近赤みが違うなと思うと、一山超えたとおっしゃる。「抜けた」と表現される方もいます。そうなると頭はフル回転していても、きれいなピンク色に変わります。

赤みが強いと、お腹にまでストレスが伝わっている可能性があります。

以前、「腸脳相関」の話をしましたが、お腹が不調だと、ガスも溜まりやすく集中力も続かないし、ネガティブな発想になりがちです。生命力も弱まっていると言えます。胃腸の調子を整えることで、仕事にも好影響が出た、というビジネスマンの方は私の知っている方だけでも数人います。

だからこそ、眉間をマッサージしましょう。

時代の状況がネガティブなときは、どうしても考えることが増えがちですが、ヒートアップしていては、判断力も鈍ってしまいます。

身体感覚をたまにチェックしてみてください。

いつもはそんなことはないのに、ものにぶつかる。つま先が引っかかる。転んでしまうなど、心当たりはありませんか?

身体の軸がぶれてしまっているので、逆に「戻す」ような運動をするとリラックスできます。簡単な例でいえば、「後ろ向きに歩く」などです。

考えすぎていると頭に血液が集中しますし、どうしても前かがみになります。姿勢が悪いと、呼吸も浅くなり、酸素のとりこみも悪くなります。
身体も思考も、バランスが悪いとかたくなります。ずれているといい判断はできないと思います。

たとえば目を軽く閉じて、その場で足踏みをしてみる。軸がずれていると、自分でもびっくりするくらい元の場所から移動してしまいます。

呼吸も「吸う」ことを意識してみて。深呼吸してから溜息を吐く人がいないように、吐くだけでは、息はどんどん浅くなります。サロンでも施術の最初に呼吸を整えることからスタートします。

まず「吸ってください」。
とにかく、吸うことを、意識していただいています。

56

不調と思ったら、自分の美意識に合わないものを遠ざける

不調を放置しておくと、ネガティブな連鎖に陥り、未来への展望どころではありません。日々を過ごすので精一杯。当然、予測感覚を磨けるはずもありません。

成功している人は、つねに自分を整えることに気を配っている方が多いと思います。「不調のきざし」を放置しません。

ファッション企業のあるオーナーは、不調と感じると、お気に入りのアートを側に置くようにするそうです。同時に、自分の感性に合わないものはできるだけ遠ざける。そうすることで、乱れていたものが整うのだそうです。

アートや高価なインテリアでなくても、自分の美意識に合う空間にすればいいのです。私はストウブのお鍋のあの武骨な形を見ることで、気持ちが戻ることがあります。それでできる美味しい料理が想起されるからでしょうか。

一方で、ある方は不調なとき、「どうしても取れないこびりつきが残ったままの鍋は捨てるのよ」と言います。それは怠惰な心や習慣のこびりつきに似ていると。落ちないものに食材を入れて調理すると、またこびりつく。ますます気持ちが負に傾くから、リセットするためにも捨ててしまうと。

その方は、それ以外に食器も磨くし、蛇口も便器も磨くそうです。食器をたくさんお持ちなので、メイドにも頼むようですが、銀磨きも自分で率先してするそうです。

空間を整えれば、心の持ち方も変わります。「英気を養う」という言葉にふさわしい方法だと思います。

ある旅行会社オーナー、ポールの奥様は大のキャラクター好きで、寝室にもいくつもそのキャラクターを置くようになったそうです。ポールは、違和感はあったもののそのままにしていましたが、仕事のパフォーマンスが落ちたと感じたとき、寝室にキャラクターのぬいぐるみを置かないように頼みました。もちろんそれだけが理由ではないでしょうが、彼の仕事は無事に回復したそうです。

寝る前の最後に見るもの、起きて最初に見るものは、とても大事だと思います。シンプルなベッドまわり、色も白か薄いブルーだと、寝る前のさまざまな雑多なことがまっさらになり、起きるときも新たな気持ちになれると思います。色が浅いと汚れも目立つので、きれいにしておくようにもなります。

ある方は疲れているとき、あえてピンク系のものを側に置くそうです。もちろん薄い色。原色は疲れてしまってダメだそうです。

その方は疲れがあまりにとれないとき、シーツをクリーニングに出します。いつもは自分で洗濯していますが、ぴしっとしわの伸びたシーツだと気持ちも戻ってくると。

色もそうですが、不調なときの肌触りはとても大切です。一番身近なのがシーツやタオル。自分の肌に合う上質なものを、疲労困憊のときや、なにかの膠着《こうちゃく》状態のときに用意しておきたいものです。

歯ブラシや下着もそう。高ければいいというものではなく、自分の気持ちを上げてくれるものを選びましょう。

今はうがいをする機会も増えました。だからこそ、うがいをするときに、よくあるプラスティックのコップではなく、お気に入りのグラスで、というようなひと工夫もいいと思います。

ジンクス
Jinx

57

ジンクスを大事にする

富豪でも起業家でもゲンを担ぐ方、ジンクスを大切にされている方は多いです。

女性では、**大事な会合の前にシャンプーとブローをする**という方、半身浴をしてすっきりしてからという方、家に花を飾る方など。

男性では、**あえて朝食をとらずコーヒーだけにする**、ベストなネクタイ・ハンカチ・カバンの組み合わせを持つ、勝負下着、という方もいます。犬の散歩をいつもの2倍する、という方もいました。成功のための努力に最善を尽くすのは当然、その先の人知を超えたところを何とか引き寄せるためなのでしょう。

サロンでは、お客様がいらっしゃると火打石《ひうちいし》を打ちます。ネガティブなエナジーをクリアにして、「一期一会の最高のトリートメントをする」というジンクスでオープン当初から続けています。

男性で、自分のラッキーカラーをペディキュアするという方もいます。 もちろん靴下をはき、靴をはくわけで、だれに見せるものでもありません。

大事な捺印は晴れた午前中にする。印鑑は天地をきっちりと意識するという方も。

もちろん神社仏閣に定期的にお参りに行く、教会に行く方は多いです。

ロザリオやメダイを身に着ける方、タトゥーもジンクスの表現という方もいます。日本では水晶を身に着けるなど、自分を鼓舞したり、弱っているときに「これ」というものがあるかどうかは大切なことだと思います。

ジンクス、と言うと根拠のない無駄なものと思う方もいるかもしれませんが、成功体験を積み重ねた方が、ひと手間かけるのですから、理にかなっていることも多いのです。人事を尽くして天命を待つという言葉もあります。

大切なことに臨むとき、不調なときに、手間をかけることが成功の大きな支えになっているのだと思います。

58

リスクマネジメントは想像力と積み重ね

世の中はリスクに満ちています。どう対処するかは成功要因の1つです。
まずは、人の問題です。
お客様である大企業の人事責任者の方はこう言います。

「どんなに採用方法を変えても2、3割は会社に適応しない人が出てしまう」

日本は欧米と異なり、経営者が簡単に社員を解雇できないので、難しい存在である彼らをどう処遇するかが大きな課題だとか。
他の人と違う研修方法を採用する、今までとは違う組織をつくる、職務形態、雇用形態をつくるなど、いろいろなやり方で試行錯誤するそうです。

仕事に邁進する優秀な社員が営業成績を伸ばすだけでは、会社は持続できません。採用というリスクをどうマネジメントしていくか、不満分子化、負債化する社員をどう活かしていくかも、会社存続のための重要な仕事です。

会社組織が小さければ小さいほど、人的リスクは会社の存続に直接かかわります。ひとりの社員で会社の雰囲気が一変してしまうこともあるのです。感情的にならず、他の社員を腐らせないように、適切に対応しなければなりません。

人事のプロフェッショナルが言うには「時間が解決するだろう」と、そのままにしておくことだけはやめておくべきだと。

今後起きるリスクを想定し、観察と情報収集を欠かさないようにする。人はそうそう変わるものではありませんから、リスクのある社員は何かの問題を起こす可能性が高い。パワハラやセクハラなどのハラスメント行為、社内不正、雇用関連の法律的知識を増やしておくのも大切です。辞めてもらうことも頭に入れておかなければなりません。

ある人材育成会社の経営者は、「人事が一番難しい」と言います。流動性があれば、ここで合わなくても合う場所があると思うのに、とも。

もちろん人以外にも、さまざま外的なリスクはあると言います。たとえば新型コロナ禍のような世界規模のリスクから、近所に同業他社が開業した、ＳＮＳで悪い評判をたてられた、身近なことでも、親族が体調を崩す、自身が思わぬ怪我をする、など。

予測できることは、準備しておくこともふくめて対策を立てておく。

予測できないことは会社の方針、自分の進むべき道を明確にしておく。そうすることで、その時点で何ができるか、何をすべきかを即座に決めることを大切にしているそうです。

59
やるか、やらないか？「どこで境界線を引くか」を見極める

どのような仕事のプロジェクトでも、やめると決めるのは大変難しいことです。逆風になると、とにかくリカバリーをしようと、さらにコストをかけたりしてしまいますが、しばらくすると「**このまま続けていいのか**」と不安になるばかり、という話も聞きます。

見極める覚悟、どこで境界線を引くかが重要です。アートビジネスの世界で著名なある方は「自分をリニューアルし続けられない」と思ったらやめなさい、とおっしゃいます。

さらなる成功を収めるには、今の思考・行動を破らないとなりません。

私も、海外の顧客に、「日本のサロンをやめてロンドンとニューヨークだけで活動すればいいのに」と言われることがあります。実際いいビジネスオファーもいただきました。条件は「ロンドンへの移住」。

「ミキコが決断しないからイライラするわ」とまで言われました。コロナ禍直前の出来事です。世界を駆けめぐるという夢はありましたが、日本が大切で、どうしても覚悟がつきませんでした。

世間の状況や他人のせいにはできません。そんなとき、カルティエ財団が「預かりたい」と言ってくるほど貴重で美術品のようなサファイアを、私のトリートメントのときにあえて着けていらっしゃったお客様がそれを、ポンとテーブルに置いて、言いました。

「ミキコに見せたいと思ったの。触ってみて」

私は、どうしても触れることができませんでした。怖かったのと、まだ自分が触れてよい人間ではないと感じたからです。

私などに自慢してもしょうがないので、そのときはなぜお持ちになったのかわかりませんでしたが、今になって思うと、「最高級の本物を見せることで、今の自分の境界を越えてきなさい！」というエールだったと感じています。

そのときの私は、それを受け止めることができませんでした。

そしてその後のコロナ禍です。移動が制限された今、あの触れられなかった自分のメンタルでは、やはりあの勝負は無理だったと実感しています。また逆に、この停滞している時代にリニューアルし続けていたいとも思うのです。


ある大手コンシューマー企業の経営者の方は、「子どもに牛の世話をさせることで、自分が食べたり飲んだりするものへの感謝、たとえば食べ物がすぐに手に入るなどのいろいろな思い込みを超えて、思考の限界、境界線を越えるトレーニングをさせている」と話してくださいました。

自分より圧倒的に大きくて、思い通りにならないものの世話をすることで、自分中心の考え方からさらに広げていけるようになった、そして、コミュニケーション力や客観的判断力までも身につけられた、とのことでした。

今、まさにコロナ禍という思い通りにならないときに、この方のアドバイスは胸に響きます。

計画
Plan

60

「9日のスパン」で日々を計画する

長期の計画や戦略をもつのは大切ですが、短期間のリズムをうまく保つことが長期的視点も明確にすると思います。

東洋医学では女性は7の倍数、男性は8の倍数で人生の転機や身体の変化が起こるという考え方があります。

今は人生100年時代、最近は9の倍数で転機という方が多いように思います。

女性では18歳で進路に、27で結婚に、36で出産に、45で家族に、54で更年期に、63で介護になど、大きな転機があるような気がします。

私は毎日の生活でも、**3日間は集中して4日目はゆるめる**、というリズムがしっくりくるように思います、

96時間を72時間と24時間で一区切りにする。

1ヶ月も30日ではなく、27日と残りの3、4日を調整にあてる、と考える。

これは食品会社で成功したヴァレリーがやっていたことで、3日間は新たな可能性に挑戦したり、前向きに集中、4日目にそのバランスをとること、リラックスすることでリズムを保つ、といいます。ダイエット、会食などにも有効です。

食事もそう。毎日同じように必要な栄養素をバランスよく摂取するのは不可能です。最初の3日間はバランスを考えつつも日常の行動を優先、4日目でバランスをきちんと調整する、というのが継続しやすいでしょう。

また、9日間連続して何かを行うことも彼女に教わりました。たとえば**9日間グルテンフリーにしてみて様子をみるというシンプルなものから、9日間を身体と徹底的に向き合う期間にして、皮膚から内臓の動きまで注意深く観察し、できるかぎりのケアをしてみるなど。**

デトックス期間にするのもいいでしょう。数日では変化がわからないものが、9日ほど続けると、いろいろな変化が実感できるはずです。

日常生活をエクササイズにしてみる、というのもおすすめ。

エスカレーターを使わずに一段抜かしで階段を上がる。爪先立ちで歩く、買い物したものを持ち上げたり下ろしたりしながら歩く、座っているときも、ときどき腹筋に力を入れてみるなど、日常シーンでできる小さなエクササイズを考えるのです。

睡眠改善期間で、枕やシーツを変えてみる、うつ伏せ寝から仰向け寝にしてみる、テレビやスマホを寝る2時間前にやめてみる。室内温度をチェックする、睡眠アプリで自分の睡眠状況を記録してみる、など自分に合った眠り方を見つける機会にします。

後ろを決めないと三日坊主になりがちですが、9日間というのは計画・修正して持続というプロセスを踏む時間があるので、検証する材料もしっかりとできて、次につながると思います。

61

妄想力がもたらすブレークスルー

これまでの経験や常識にとらわれていては、ブレークスルーはできません。

「え？　なんで？」と、**「あとで考えると驚くような発想は、ある種の妄想だ」**と言うのはエンタメの巨匠。彼は長期で考え、それらを時系列にして、妄想年表を作っていました。

可能性や**失敗することを頭の中から追い払って、さまざまな想像力をはばたかせる。**突拍子もなく見えても、これまでの自分の行動や決定にはなかった可能性を見出すことができる。

これまで思いつかないような発想は、冷静になった自分が無意識のうちに否定し、すぐ消し去ってしまいがちです。「変！」と思う前に実際に文字にして残す。そこから新たな展開が始まるかもしれません。

過去の突拍子もない発想が今は、すばらしいアイデアにつながる可能性があります。流動性が増し続ける現在では、前例や過去の常識にとらわれていては、生き残れるかさえ不明です。ＡＩに自分の仕事が奪われてしまうかもしれない。前例や過去の蓄積から学習して、結論を導くのがＡＩなのですから妄想と、そこから生まれるまったく新しい行動こそ、私たちのこれからに必要な姿勢です。

たとえば交渉の場で、相手の情報をできるだけ収集して、対応の可能性を探るとき、妄想力を発揮して、さまざまなパターンを想定しておく。相手が自分の常識にそって対応してくれるかなど不明ですから、想定を妄想しておくことが大きな力になります。

１つの発想、１つのポリシーにだけ頼ると、それが折れたときに致命的な傷を負うことにもなりかねません。

私は小さいころから妄想をはたらかせる癖がありました。

小児ぜんそくで長期入院をしていたとき、「退院したら、あれもしよう、これもしよう、あそこにもいきたい」などと妄想をふくらませていたのです。

今となっては、妄想力は想像力につながり、それが創造へと結実していくのだと思っています。

東欧でアプリ開発で成功した方は、小さいころからプリンセスになりたいと思っていたと言います。そう言うとまわりはみんなバカにして、あなたなんてなれるわけがない、と何度となく言われました。

彼女が開発した、自称「城（キャッスル）」というアプリに興味を持ち、投資したいと言ってきた20歳上の今のご主人と付き合いだして結婚、子ど

もも二人生まれ、まさにプリンセスのような暮らしをしています。

口に出すのもはばかられるようなことでも頭に残し、その妄想を具現化しようと作ったアプリが呼び込んだ出会い。前もって仕組まれたロールプレイングではなく、自分でさえ驚くような境地にいたるのだと思います。

「アプリを開発した私が言うのもなんだけど、妄想力を磨くには、デジタルデトックス（SNSやスマホの使用を控えること）が有効よ」と彼女は言います。「検索すればなんでも答えが出てしまうと、妄想するゆとりがなくなってしまうから」。

過去の経験や常識、単なる知識などに振り回されていませんか？

そんなものは意識してまとめて捨ててしまう意識が必要なのです。

第7章

「怖れ」を超える力

——今日はこの人生の最初の日

62 今日の自分を、昨日までの自分でダメにしない

これだけ不安定な時代です。

未来を考えたとき「怖れ」の感覚がない人は、よほど楽天的だと思います。

自分がこの先仕事が続けられ、歳を重ねてもなんとか生きていけるのか、今つらいならこの状況を乗り越えられるのか、自分の人生この先どうなるのか、誰もが抱く怖れだと思います。

他にも、自分の可能性、他者との関係、パンデミックや地球温暖化など自然環境への不安、ＬＧＢＴＱや人種などマイノリティへの差別、考えれば考えるほど悩みの種は尽きません。

でも、楽観だけでは怠惰を生み、時代の変化についていけません。正しく怖れることは、新時代へのチャンスなのです。

世界中でビジネスをしている国際的大企業のオーナーの方に聞いた話です。晩餐会である団体のリーダーと話す機会があったそう。ニュースでも話題になっていましたが、その頃困難な運営を続けていた彼女は、「変化は怖れだ」と。続けてこう言ったそうです。

「その場を見ていると、（瞬間的には）勝っているとか負けているとかあるかもしれないけれど、続けなければならないことだからやっている。正しい情報を持って必要な準備をして、賢い選択をするんだという気持ちでいる。怖れは経験則からくるので、今まで大丈夫だと思っていたことがそうではないときには意味がない。

私は今日の自分を、昨日までの自分でダメにしたくない。私は自分の中の奇跡を起こす力を信じている」

見事な言葉だと思います。彼女は結果を見ることなく志半ばでその代表の座を降りましたが、後任者がなんとかやっているのも彼女の粘り強い頑張りがあったからだと思います。

もちろん正面から怖れに立ち向かうばかりでなく、そこから離れる、逃げる、というのが最善の方法であることもあります。

ただし、正しく怖れないと、そこから逃げているつもりが目をつぶって震えているだけで、危機は側にあり続けているかもしれません。

未知のものは、誰もが経験則が通用しないように思えて怖れを感じて当然です。

行動しないと、次の段階に行けないという当たり前の事実だと思います。

あのリーダーのように、正しい準備をして信念を持って動き続けること。そして自分の力を信じることは、王道だと思います。

63

排他性では、未来は開けない

「頑固」と「頑《かたく》な」は違います。自分のコアをしっかり持って、新たなものを取り入れるのと、単に外からのものを受け入れず、ひたすら自分のやり方にこだわるのでは大きな違いがあります。

「こだわる」というのは今では細部に目が行き届いているような意味で使われることも多くなりましたが、もともとは、自分のやり方に固執して変えないこと、というようにネガティブな意味だったようです。

コアな部分、信条もその1つといってもいいでしょう。

たとえば**「人を傷つけない」という信条**があれば、たとえおいしい話があったとしても、飛びつくのではなく、そこに自分がかかわるときに、自分の信条に背いていてないか考えるでしょう。

それが、**単なる金儲けではない視点、社会も幸福になることかどうかを考える**という新たな視点が生まれます。「自分さえよければいい」という利己主義では、一見シャープでぶれないように見えますが、柔軟性に欠けるため、後で大きな落とし穴が待っている、ということにもなりかねません。

M＆Aで名をあげたある企業経営者は、

「眼前の利益も大事だけれど、会社にかかわる人や社会とのつながりを考えることで、思考が重層化し、後で総括しても判断が正しかったと納得できることが多いんだ」

という話をされていました。

この新しい時代に金儲け第一という考え方、さらにはひたすら名声、地位、成功を欲するというのは、とても排他的な感覚であり、自分さえよければいい、自分の仲間さえ、自分の会社さえ、自分の国さえよければいい。**排他的利己主義では、結局は力は衰えてしまう**と、実感を込めておっしゃっていました。

地球が有限である限り、拡大志向だけでは成り立ちません。身の丈を知り、分相応のことをしっかりとしていくことで周囲を幸福にしていこうとする人が生き残ると思います。

ヨーロッパ中にまたがる消費者向け、企業向けのいくつもの企業を束ねるオーナーの方は、「**最近は社会貢献のことを考えている時間のほうが長いかもしれない**」と笑っていました。

ものすごい利益を出しているから余裕があると指摘する人もいるかもしれませんが、稼いでから寄付という考え方ではなく、最初から「利益をどう還元するか」という発想でビジネスをしてきたからこその成功なのではと思える方です。

文化においても、頑なに伝統の様式を守るのではなく、異質なものを取り入れていくことが、結局はその文化を存続させていくのかもしれません。

イギリスのロイヤルバレエがブラジル人のダンサーをプリンシパルにしたときは驚きの声もあがりましたが、ロイヤルはロイヤルです。今は新たな力を得て、評価を高めています。

自分と違うもの、異質なもの、未知なものは怖いものです。

「みんながやっているから」という同調圧力は、コロナ禍における自粛警察のように、他は認めないという殺伐《さつばつ》とした空気を生みます。

匿名でSNSのような場所で「異質とみなした人」に威勢よく毒を吐き、攻撃性が牙をむく人もいます。

未知なもの、異質なものを受け入れていく多様性が、新たな可能性を開くことは、歴史が証明しています。

頑なな制度、流動性のない国家は、やがて力を失い、滅びていく。会社も一人ひとりの人間も同じだと思います。

ある巨大IT企業は、採用の際、履歴書に出身校はもちろん、年齢、性別を書かせず、イニシャルだけにしてから、次々と新しい事業が生まれ、利益上昇、投資家の評価も高まり、企業価値が上がったそうです。

また、熱狂的なファンが多いことで有名なミュージシャンを多数扱っているアメリカのエージェントの社長オリビアは採用の際、あえて扱っているミュージシャンのコンサートに行ったことがある人は採らないと言います。ファンというのはそのアーティストに一途なことが利点ですが、逆に排他的でビジネスの視点から見たら害になるから、というのがその理由だそうです。**ミーハー心は大切ですが、排他的になりがちだということを見極めた**うえでの採用方針だと思います。

ある著名な料理人の方の話です。「この産地の○○がおいしい」という知識は、お客様の知識が豊富な今は、出すと喜んでいただけるけれど、自分が仕入れるときにはあえて産地を聞かず、味の記憶を総動員させて選ぶようにしているのだとか。

産地や名声で安心してしまわないように、自分の味覚の広がりを磨き、追求することで、料理の可能性も広がったと感じているそうです。

先入観にとらわれず自分の五感を大切にする、というのも排他的にならないための条件だと思います。

64
怖れはチャンス。正しく怖がり、大胆に、細心に挑戦する

誰もが「失敗したらいやだな」と思うでしょう。でも一方で、失敗は普通にあるもので、**失敗がなければ成功もない、少しでも成功に近づければいい、という発想**もあると思います。

ある北欧の陶芸家の方は、「たくさん失敗した。今でも失敗している。焼いて窯《かま》から出てこないと結果がわからないからね。でも失敗すると、温度や土の比率や釉《ゆう》を工夫するんだ。今までの自分にない作品を作るんだから失敗は当然。怖れもあるけど、チャレンジしないと得るものもないからね」と言います。

怖れが大きいほど、成功も大きいとも話していました。

この方はビジネス界で成功されてから陶芸家になったので、リスクをとることの必要性とその見極め方が際立っているのだと思います。

でも、リスクをとるのはやはり怖い、という方も多い。

そういう場合はどうジャッジするか。

自分がどうしたら幸せになれるのか、そのためにはどう行動したらいいかをとにかく細分化して考えるのだそうです。とにかく細かく突き詰めて、プラスになると思えたら一気に飛び込んだらいいと。

一度飛び込むと、怖れの向こう側にあるチャンスをつかむことができます。

想像力と言っていいかもしれません。

あるアカデミー賞俳優は、今までに演じたことのない新しいジャンルの役が来たとき、できるできないでなく、どう演じるかをまず考えるそうです。

これまでの人生で、自分にしかできないことは必ずあるのだからこれもそれだと。

そうすると、「新しい役に対する怖れは、夢の実現のための過程《プロセス》になる」と話していました。

ビジネスでなくても、結婚や離婚を考えている人、受験する子どもがいる人、親との同居を考えている人、それぞれ怖れがあると思います。

怖れは未来という「未知」で、川柳のように「枯れ尾花」も怖い幽霊にも見えます。錯覚や思い込みがもとになっていることが多いのです。細分化することで排除すれば、未来がぼんやりと見えてきます。

奔放《ほんぽう》で大胆な言動で知られるイギリスのチャーチル元首相、感覚的な人なのかと思いきや、1日1日やることを細分化して整理していたそうです。

小さなことも疎かにせず、行動を予定し、それを遂行する。第二次世界大戦での困難を乗り越えるためには、彼のような細心の思考と勇気を与えるような言動ができる人が必要だったのでしょう。


「怖れ」は過ぎてしまえば、過去の経験にしかすぎません。

つまり、怖れは過去の経験や思い込みに引きずられているだけのこと。

誰にとっても未来の新しい1日は未経験の新しい世界。先入観にとらわれていては、
新しい局面を開くことはできません。
リスクは検討しつつも、まっさらな気持ちで進みましょう。

65
「ユニバースセンス」こそが成功への道

「ユニバース」というと国際感覚というようなイメージで、そこから世界で通用するビジネススキルや思考法ととらえられがちですが、果たしてそうでしょうか。

先ほど、単なる金儲け目的の金銭的な成功は、排他的で競争相手をつぶすこと。実際には全体的な利益を損なうと言いました。

ユニバースと言うとき、私は国や人種、生物の区別を超えたオリジン（根源的）な感覚を考えます。

たとえば衣食住でも、それが成立している条件を根底から考える。そうすることで不要なものが見えてきます。

自分の思う「像」が見えてくる。裸で生きるわけにもいきませんし、家もないと困ります。でも生態系や環境なども考えたときに、余計なもの、ひとりの人間に相応なものがおのずとわかってくるはずです。

幸せや成功には大小はなく、「その幸せ」をかみしめられるかどうかなのではないでしょうか。

最近の研究で、高額所得者ほど幸福感が高いと思われがちだったが、実際はそうではなかったという結果が出ています。内閣府の調査ではある程度の世帯年収を超えると、幸福感は逆に下がる傾向にあるのです。

財産を失うことを怖れ、一喜一憂して不安でしょうがないという人が多い、という論評がありました。生活を楽しむことより、財産を増やすため、減らさないために生きているということになってしまっているのでしょうか。

本質から考える、というのは簡単ですが、事実を直視するのはつらいことです。

スイスはもともと山岳地帯の貧しい国で、周囲の豊かな国に傭兵《ようへい》を出すことで収入を得ていました。もちろん周辺国の政変で、優秀な人々が流入してきたことも助けになりましたが、傭兵になり、自分の身を自分で守ることの大切さを痛感し、時計や製薬、保険、金融のような、他にない産業を伸ばしたことで、存在感のある永世中立国になりました。

本質を知るのに、〇〇人だからこうだ、性別が男だからこうだ、収入がこれこれだからこうだ、などにとらわれずに考えてみることが重要だと思います。

そこで、今言われている「サスティナブル（持続可能な）」という考え方が大切です。生態系の多様性を尊重し、過去を大切にする。伝統に新たな技術や発想を加えて、長く続くものを作りだす。

「そのときだけを見て後のことは考えない」では、自分自身も消耗してしまうと思います。

66
「みんながそうしているから」に追随しない

ユニバース——大きな視点で考えると言っても、大勢に準ずるのとは違います。流行についていくとラクです。前例をなぞるのは、方法論も見えるし、成功しそうに思えます。

でも前例をなぞっても、それ以上の成功はありえません。さらに、成功の保証があるわけでもありません。

すでに参入者がたくさんいるわけですから、違いを出そうとすると、モア＆モアになってしまい、過剰になる。

それが投資額だったり、仕様変更だったりすると、本質からどんどん離れていってしまう。振り回されることでさらに過激になり、疲弊してしまう。

「なんでこんなことを」とバカにされていたところから、世界一の大企業になった例もあります。マイノリティを突き詰めることで、誰もやったことのないこと、他の人とは違うものを確立できるのです。

今ではフランスで星をもつ有名シェフも、当初はトレンドだった泡を使った料理を作っていました。工夫に工夫をこらして、お客様の評判もよく、外からはすばらしい状況でした。

ところが、あるとき、自分の料理に感動できない自分に気づいたそうです。その感覚はどうやっても払拭できず、悩みは深くなるばかりでした。

そんなとき、仕入れ人の誘いで、舟にのり漁獲する機会を得て、日本の料理人とつながりができ、「活〆《いけじめ》（日本の漁師が魚の鮮度を保つ技法）」に出会ったのです。それを見た瞬間、彼は鳥肌が立ったそうです。

活〆はフランス料理ではかなりマイナーな調理法ですが、彼はそこから魚の鮮度を生かす料理を追求するようになり、日本料理の技法も工夫して取り入れ、ついには星をとりました。

また、ある音楽家のお客様は、かつて古典と融合した思索的で難しい前衛的な音楽を追い求めていましたが、あるとき世話になった人に頼まれ環境保全のイベントのための音楽をつくり、気づいたそうです。

クラシックや前衛といったジャンルで音楽を追求していたけれど、木の香りや鳥のさえずりを聞き、世界や人々の生活に思いを馳せることはなんと尊いのだろうか。本来、音楽はここにあるのではないか——。

その後、彼が作った音楽が世界で大ヒット、数々の賞を取りました。

彼の場合、マジョリティに追従していたわけではありませんが、自分の殻にこもるあまり、音楽はこうあるべきだという大きな考えで占められていたわけです。

どちらも思い込みからの脱却が大きな転機になっています。

ユニバーサルセンスの基本は、思い込みから解き放たれることで生じる自らの生体としての感覚にあるのです。

何かに悩んだり、自分には今以上のものはできないという停滞を感じたときは、自らの素の五感を研ぎ澄ませることが突破口になると思います。

67 認められたいなら、まず共有することを目指す

承認欲求は、現代人を悩ませる欲望です。

「私はこれだけの価値がある。だから私を認めてほしい」

こういう気持ちは、財産や才能の有無にかかわらず、どんな人でも持っているものです。この**承認欲求とどう付き合うかで、幸福感も変わってくる**と感じます。

イギリスの化粧品会社経営者メアリーは常々自分にこう言い聞かせているそうです。

「自分に変えられないことは受け入れる。
自分で変えることができるものに勇気をもって立ち向かう」

彼女はイギリス人でセクシャルマイノリティですが、すべては自分の責任と思うよ

り、まず現状を受け入れることが大切だといいます。

日本の「万物《ばんぶつ》に神が宿る」という考え方がそれに近いかもしれません。

自分対他者ではなく、自分も他者も万物の中の1つと思うことで、承認欲求から解き放たれると。そうすることで、冷静に事態に対処できると言います。

ロンドンで所属していた、女王陛下の主治医が主宰する高級会員制クラブがBrexit（ブレグジット・イギリスのEU離脱）の影響で閉鎖になったときに、私はその方から忘れられない言葉（ギフト）をいただきました。

「そこに執着しないで。事実を受け入れて。自分を変えるモチベーションにできる人が先に行ける」

私の周囲は、状況にまさかと茫然自失していましたが、この事態は、自分ではどうしようもない。まずはそれを受け止めて、自分を変えていく機会にしようと切り替えることができました。

失ったものに愛着があれば、どうしても執着してしまいます。

でも、パズルでいえば、それは1つのピースにすぎません。空いたことで違うピースを埋め込むことができるのです。しかも、それは前と同じものである必要はありません。違うピースを入れることで、前とは違う可能性が広がり、違うことができるようになります。

結果として、私はロンドンでも最高級の5つ星ホテルのスパで、自分の名を冠したトリートメントを始めることができました。もちろん、前のところとは違うノウハウをプレゼンして認めてもらえたからこその結果です。

飽くなき欲求を持ち続けることが成功のカギだという方もいます。それは上り調子のときはいいのですが、目標に到達したとき、それを維持するのか次を目指すのか、考えるのがきついと言います。

上に上に、という欲望を持ち続けることこそストレスだ、とも。

日本には「足るを知る」という言葉がありますが、つねに開拓、つねに前進、ではなく、自分相応に満足することを知るという西洋哲学にはない東洋思想に触れることで、メアリーは救われた感じがしたそうです。

68

「怖れ」を脱する、ただ1つの方法

ある女優の方の話です。

ドラマシリーズで大成功した直後にお父様が亡くなりました。彼女は世間での知名度が急上昇したことで、見られることのストレスがこれまでにないレベルになってしまったと同時期に、お父様の死を経験し、心身ともに疲れ果てていました。

当時、続けてセッションを行ったのですが彼女は、

「ミキコとのセッションで、自分の身体、そして自分とどう向き合えばのいいかを理解することができた。父も腰を痛めやすかったけれど、亡くなっても父はまだ私の中に生きていると思えた。腰の痛みさえ尊いのは、ミキコがどんな質問にも答えてくれて、どう向き合えばいいか導いてくれたからだと思う」と言ってくれました。

身体のケアは、単なる物理的な刺激ではありません。

お客様の精神状態が身体に大きな影響を与えているので、その影響をケアをすることで、心身のトータルケアになります。彼女もそれがわかったのでしょう。ふたりでそれを共感でき、乗り越えたことで、私自身の対処にも確信がもてました。

アンチエイジングでも、たとえば「自分のしわが許せない」「自分の加齢が受け入れられない」という心理状態が続くと、やがて何をやっても不安で満足できない状態になってしまいます。まわりの人がよく見え、自分だけがダメに思えて、あせりに拍車がかかってきます。

自分に対する不安と、他者への羨望・嫉妬はストレスの大きな原因になります。

育った環境も作用すると思いますが、テストで95点とったときに5点間違ったと言うのと、95点もとれたねと言われるのでは、受け取り方が違って当然だと思います。そこも分析しないと対処できません。

女性は特に見た目のストレスが大きいのですが、人間関係や仕事、そして歳を重ねること自体へのストレス、というのもあります。

「若いね」と承認されたいという欲求がストレスを生むのです。

何もしない、何も考えない、というのは無理な話です。

美容法でも、かつてはAでよかった。でもそれが効かなくなったらBとCを組み合わせる。それが効かなくなれば、次の組み合わせに。受け入れつつ、追求していかないと、無駄や見当違いが多くなります。

逆に言えば、**自分の持っているピースではできないことが増えてきたときは、違う武器をつかむチャンス**ということです。エイジングにどんな武器で闘うかは、「自分の何を認めてあげるか」という承認欲求との付き合い方で変わってくるのです。

ある人は、たとえば「外見の美しさ」が武器だとしたら、武器そのものを手放す、そして違う場所に向かうかもしれません。

承認欲求が加速すると、ストレスも増大します。

それを防ぐには、自分の周囲と共感、共有すること。
以前に、ストレスを抱えた女優の方とのセッションについて書きましたが、ふたりの間で受動、能動のバランスがよくなることで共有の感覚が生まれます。セッションのように限られた場での一対一だとわかりやすいのですが、一般的な場合、まず周囲、他人を認めるということ。相手の気持ち、感覚を考えてリスペクトするということです。

わかりやすくたとえると、インテリアを変えたときに「インテリアよくなったでしょう」ではなく「居心地はよくなりましたか？」と相手との共有感覚を持つことです。

共有という感覚からビジネスの種を見つけることもできます。ネットでさまざまな「つながる」仕組みが大きな成功を収めているのを見ても、その感覚は誰にでもあることがよくわかります。
一方で、ネットを経由したたくさんのつながりは、自分を見失うことにもなりかねません。

人類学的に言うと、人間が安定的な社会関係を維持できるとされる人数の認知的な上限は150人程度と言われています。

それを超えると、だれだかわからない人と共有するために、自分を見せないといけません。あるときは自分の弱い所も見せないと、単なる自慢に思われてしまうかもしれません。

そのように努力して「いいね！」が増えても、共有、共感することでの信頼感は生まれないのではないかと思います。


もっとも、**匿名だからこそ、ネットで自分が救われた、という人もいます。**

ある著名俳優と結婚した女性は、だれもがうらやむような家族を演じ続けなければなりませんでした。現実では、義理の娘との仲に悩んでいたのですが、だれにも相談できませんでした。彼女の対処法は私に、その娘を「デビル」と呼んで話すこと。

是非はあるでしょうが、彼女にはそれが必要でした。

現実では優しく接しなければならなかった彼女には、ストレス発散の大きな救いの場でした。

承認欲求は怖れを増大させます。共有することでそれを超える力を得ることができます。


Meだけでは、どこまでいっても「次はどうするの?」で不満はなくなりません。

それはどんなにお金持ちだろうと関係ありません。どんなにお金をかけても同じです。


成功し、充実した人生を送っているお客様に共通するWeという発想。

それができるかが、幸福感の条件なのだと痛感します。

「自分さえよければ」「認められたい」「褒められたい」は不幸の連鎖への始まりだと思います。


私たちは、環境も考え方もすべて異なります。

その中で、身のまわりの人、社会、世界と共感しよう、共有しようと努めることで、周囲と調和することができるのです。そうすることで、承認欲求で自分を苛《さいな》むことなく、本当の成功、本当の幸福にたどりつけるのだと信じています。

Lyvolvant 代表

早野實希子（はやの・みきこ）

東京薬科大学薬学部卒業。北里大学東洋医学総合研究所勤務後、北里大学東洋医学総合研究所名誉所長　大塚恭男氏に師事、漢方の研鑽を積む。

London Institute（St.Martinを含むロンドン大学芸術連合）、London college of Fashion にて美容・健康学に関する英国上級国家資格を取得。International Traditional Herbal Medicine and Aromatherapyにて GABRIEL MORJAY氏に師事し、IFPA認定アロマセラピスト資格を取得。MLD（マニュアルリンパドレナージュ）をはじめとする美容健康学に関する10以上の資格を取得。

2003年ABSOLU HERBEEN　設立。2007年ABSOLU HERBEEN TOKYO（現Lyvolvant）オープン。

2013年エリザベス女王の主治医が主宰するロンドンの会員制高級スパ複合施設「Grace Belgravia（グレース・ベルグラヴィア）にて唯一のアジア人として施術を開始。

2020年ロンドンの五つ星ホテルでEngland's Best Hotel Spa 2019 at the World Spa Awardsに輝く「The Lanesborough Club & Spa（レンズボロークラブ＆スパ）」にてMIKIKO HAYANO TEAMとしてトリートメント開始。

著書に『早野實希子の連動マッサージ　美の宝箱』（講談社）、『世界一予約の取れない美容家（セラピスト）だけが知っている　成功者たちの「極意」』（大和書房）など。
■サロンホームページ　https://lyvolvant.com/
■早野實希子インスタグラム　@mikiko_hayano_official_

マネジメント　株式会社アミューズ

世《せ》界《かい》一《いち》予《よ》約《やく》のとれない美容家《セラピスト》が教《おし》える
生《い》き抜《ぬ》く人《ひと》がしている68の行《こう》動《どう》

2021年5月5日　第1刷発行
2022年5月5日　第3刷発行

著者　早野實希子《はやのみきこ》

発行者　佐藤　靖
発行所　大和《だいわ》書房
東京都文京区関口1-33-4
電話03(3203)4511

デザイン　若井夏澄(tri)
イラスト　みやしたゆみ
編集　藤沢陽子(大和書房)
本文印刷　厚徳社
カバー印刷　歩プロセス
製本　ナショナル製本

ISBN978-4-479-78533-0

http://www.daiwashobo.co.jp